東京近郊

TOKYO SUBURBS

東京近郊

作者／米克

太雅

東京近郊

08　作者序 & 作者簡介
09　編輯室提醒

專題特寫

42　初夏絕美繡球花與秋季紅葉
90　輕井澤觀光列車 ろくもん
121　箱根傳統工藝：寄木細工
122　在日本有名的溫泉地，
　　　體驗私人風呂
198　富士山必買伴手禮
200　欣賞靜岡縣視角的富士山美景
209　不能錯過的日光名物
236　別讓列車停下來！
　　　銚子鐵道的煎餅奇蹟

從東京出發
近郊小旅行

12　四季必體驗的節慶活動
14　住宿安排與行李收納
16　實用旅遊 APP
17　東京廣域周遊券

24
鎌倉、江之島

- 25　交通方式、移動方式
- 30　鎌倉車站周邊
- 48　江之電沿線周邊
- 62　江之島

76
輕井澤

- 77　交通方式、移動方式
- 81　輕井澤景點介紹
- 96　舊輕井澤銀座通

104
箱根

- 105　交通方式、移動方式
- 110　箱根景點介紹

142
橫濱

- 143　交通方式、移動方式
- 146　橫濱景點介紹

164 富士山

- 165　交通方式、移動方式
- 169　新倉山淺間公園、新倉淺間神社
- 172　富士吉田
- 184　河口湖

204 日光

- 205　交通方式、移動方式
- 210　日光景點介紹

222 川越

- 223　交通方式、移動方式
- 225　川越景點介紹

230 銚子

- 231　交通方式、移動方式
- 233　犬吠
- 234　外川

紙本地圖

- 07　東京近郊地圖
- 29　江之電路線圖
- 63　江之島周邊地圖
- 168　河口湖景點地圖

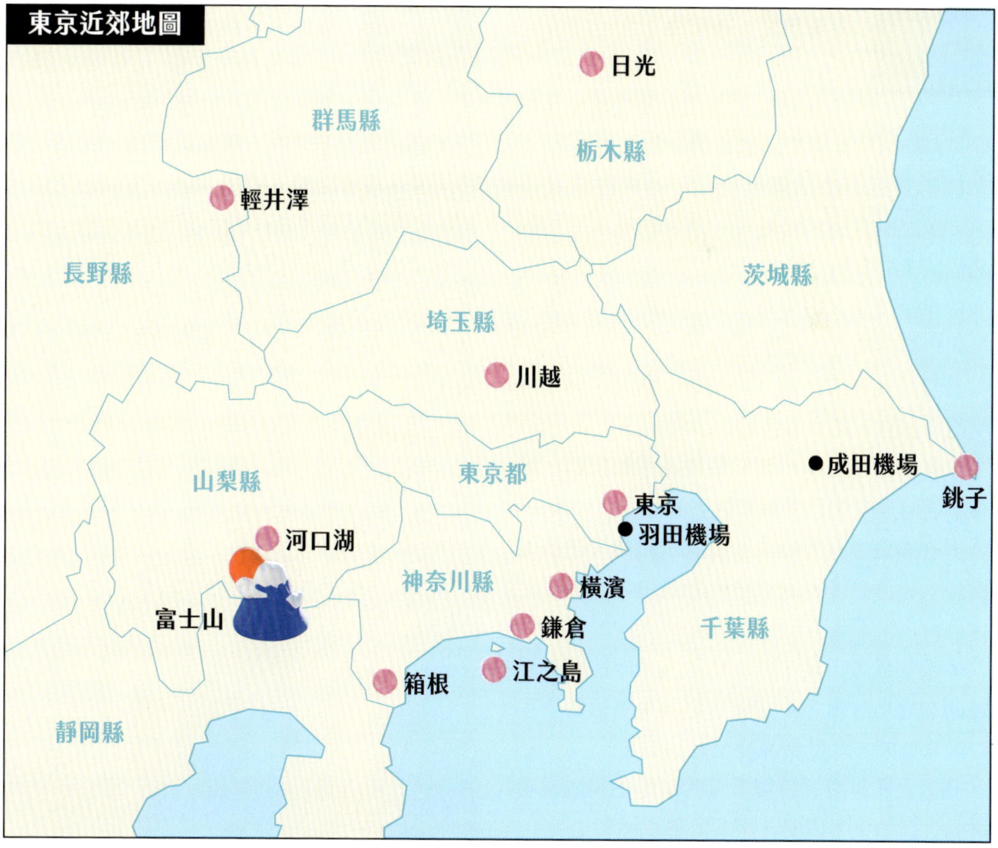

東京近郊地圖

日光
群馬縣
栃木縣
輕井澤
長野縣
茨城縣
埼玉縣
川越
山梨縣
東京都
成田機場
東京
河口湖
羽田機場
銚子
富士山
神奈川縣
橫濱
鎌倉
千葉縣
箱根
江之島
靜岡縣

作者序

一段充實的旅程，就連規畫行程本身也是一種樂趣

東京給人的印象多是繁忙又急促，但適合放慢腳步玩的選擇卻數之不盡。

最初只是喜歡來東京旅遊，後來在這裡生活，每次規畫週末出遊時，總會驚嘆，圍繞著這個城市的多個小地方，個性如此豐富多樣。

除了可成為搭配東京自助旅遊的配角，東京近郊也精彩得可以成為主角。

想要短暫逃離都市？山與海、溫泉、歷史古蹟應有盡有，轉換心情輕而易舉。

日本的分明四季，還有各種花季跟祭典，就算不同時期來，也會有不同的體驗。

我在寫這本書的時候，重溫了相簿裡的旅遊回憶，也再訪了多次書中所寫的地方，讓我更深信每次來都會有一些新發現。

本書提供實用資訊外，也融入了一些輕鬆好懂的在地小故事，希望能為你的東京近郊小旅行帶來靈感，玩得有深度又有品味。

感謝太雅出版社總編輯芳玲姐、主編以及美編同仁們的大力協助，讓本書得以順利出版。

米克

香港男生，曾任職設計師、國際旅遊電商平台內容行銷，及訪日旅遊網站主編，2018年移居東京。

足跡踏遍全日本47個都道府縣，完成日本四國遍路徒步之旅，持續探索深度旅遊路線，每個週末都在日本的不同角落。

除了透過社群媒體分享日本旅遊情報外，為日本各地方縣市之觀光協會、鐵道公司等機構撰文及攝影，以多種身分進行創作活動並推廣觀光。

f 米克在日本
@ @maikudaily

臺灣太雅出版
編輯室提醒

太雅旅遊書提供地圖，讓旅行更便利

地圖採兩種形式：紙本地圖或電子地圖，若是提供紙本地圖，會直接繪製在書上，並無另附電子地圖；若採用電子地圖，則將書中介紹的景點、店家、餐廳、飯店，標示於GoogleMap，並提供地圖QR code供讀者快速掃描、確認位置，還可結合手機上路線規畫、導航功能，安心前往目的地。

提醒您，若使用本書提供的電子地圖，出發前請先下載成離線地圖，或事先印出，避免旅途中發生網路不穩定或無網路狀態。

出發前，請記得利用書上提供的通訊方式再一次確認

每一個城市都是有生命的，會隨著時間不斷成長，「改變」於是成為不可避免的常態，雖然本書的作者與編輯已經盡力，讓書中呈現最新的資訊，但是，仍請讀者利用作者提供的通訊方式，再次確認相關訊息。因應流行性傳染病疫情，商家可能歇業或調整營業時間，出發前請先行確認。

資訊不代表對服務品質的背書

本書作者所提供的飯店、餐廳、商店等等資訊，是作者個人經歷或採訪獲得的資訊，本書作者盡力介紹有特色與價值的旅遊資訊，但是過去有讀者因為店家或機構服務態度不佳，而產生對作者的誤解，敝社申明，「服務」是一種「人為」，作者無法為所有服務生或任何機構的職員背書他們的品行，甚或是費用與服務內容也會隨時間調動，所以，因時因地因人，可能會與作者的體會不同，這也是旅行的特質。

新版與舊版

太雅旅遊書中銷售穩定的書籍，會不斷修訂再版，修訂時，還區隔紙本與網路資訊的特性，在知識性、消費性、實用性、體驗性做不同比例的調整，太雅編輯部會不斷更新策略，並在此園地說明。您也可以追蹤太雅IG跟上我們改變的腳步。

 taiya.travel.club

票價震盪現象

越受歡迎的觀光城市，參觀門票和交通票券的價格，越容易調漲，特別Covid-19疫情後全球通膨影響，若出現跟書中的價格有落差，請以平常心接受。

謝謝眾多讀者的來信

過去太雅旅遊書，透過非常多讀者的來信，得知更多的資訊，甚至幫忙修訂，非常感謝大家的熱心與愛好旅遊的熱情。歡迎讀者將所知道的變動訊息，善用我們的「線上回函」或直接寄到taiya@morningstar.com.tw，讓華文旅遊者在世界成為彼此的幫助。

從東京出發 近郊小旅行

TOKYO

東京是充滿魅力的旅遊城市，在東京都心有各種美食、購物及經典景點外，圍繞在東京周邊有許多只需1～2小時就能到達的近郊目的地，每個都充滿特色。除了有在大都市中看不到的自然景色，也能享受各個地區截然不同的風土人情，很適合一日遊或是去住一兩晚，搭配成豐富的行程。就算是第一次前往東京，或已經來過東京多次的朋友，在不同的季節到訪東京近郊，也能體驗不同的樂趣。

四季必體驗的節慶活動
Must-Experience Festivals

本章呈現氣溫為「東京市區」平均氣溫。

春 / 夏

	3月 平均氣溫 9.4℃	4月 平均氣溫 14.3℃	5月 平均氣溫 18.8℃	6月 平均氣溫 21.9℃	7月 平均氣溫 25.7℃	8月 平均氣溫 26.9℃
鎌倉	3月中下旬 櫻花季節	鎌倉祭		繡球花季節	小動神社天王祭 / 鎌倉花火大會	鶴岡八幡宮例大祭
輕井澤						輕井澤高原教會 夏日蠟燭之夜
箱根	3月下旬～4月 櫻花季節		5月上旬 杜鵑花季節	6月中旬～7月上旬 繡球花季節		8月上旬 箱根神社例大祭 / 花火大會
橫濱	3月下旬～4月上旬 櫻花季節、港未來櫻花祭			6月上旬 橫濱開港祭		花火大會
富士山		櫻花季節	富士山芝櫻祭	6月中旬～7月中旬 河口湖香草祭(大石公園)		河口湖 湖上祭花火大會
日光	3月下旬～4月上旬 櫻花季節		日光東照宮 春季例大祭		7～8月 花火大會	
川越	3月下旬～5月上旬 小江戶川越春祭				川越百萬燈夏祭 / 7～8月 川越冰川神社風鈴迴廊	
銚子					7月下旬 向日葵季節	花火大會

12

從東京出發近郊小旅行

在東京近郊各個地區,在不同時節來到除了感受季節植物如櫻花及紅葉等,也能參與多種節慶及活動,能為旅行增添特別難忘的回憶。部分活動每年舉辦日期可能不同,建議出發前先至官網確認。

秋 / 冬

月份	平均氣溫
9月	23.3℃
10月	18℃
11月	12.5℃
12月	7.7℃
1月	5.4℃
2月	6.1℃

鎌倉
- 10月:江之島花火大會
- 11月下旬～12月上旬:紅葉季節
- 11～2月:湘南之寶石彩燈節
- 1月:鶴岡八幡宮新年參拜

輕井澤
- 9月下旬～11月上旬:紅葉季節
- 12月:輕井澤高原教會聖誕點燈
- 11月下旬起:冬季點燈

箱根
- 9月下旬～11月下旬:仙石原芒草季節
- 11月上旬:箱根大名行列
- 1月:箱根神社新年參拜、箱根驛傳

橫濱
- 11月中旬～12月上旬:銀杏季節
- 12月:紅磚倉庫聖誕市集、冬季點燈

富士山
- 10月下旬～11月下旬:河口湖紅葉祭
- 1月～2月:河口湖冬花火

日光
- 10～11月:紅葉季節
- 12月:湯西川溫泉雪屋祭

川越
- 10月:川越祭及山車巡遊
- 1月上旬:川越初大師達摩市

銚子
- 1月:犬吠埼新年日出

13

Stay & Packing
住宿安排與行李收納

在安排東京自助旅行時，許多時候以五天四夜的行程為藍本，再搭配近郊目的地，可視個人的偏好，以東京市區的行程為主，搭配一、兩天的一日遊行程，也十分推薦在近郊地區住一、兩晚。

1

2

3

輕鬆靈活！以東京作為住宿據點

每晚住宿在東京市區，除了東京市區內的行程外，可出發至近郊地區當天來回小旅行，最大的優點是無需換住宿，也不用拿著行李跑來跑去坐長途車。住宿推薦落腳在主要車站的新宿、池袋及上野，無論是市區景點或是前往近郊地區也方便。另一好處是，可依照當天的天氣來決定目的地，例如，原本決定了要去輕井澤，但看天氣預報輕井澤第二天極大機會下雨的話，就可以改去陽光普照的鎌倉或是日光，讓行程更有彈性，在夏秋天期間比較推薦這樣的玩法。

東京近郊住宿預算怎麼抓？

自日本重新開放外國觀光客以來，東京市區及周邊地區的房價大幅上漲。例如，以往在近郊地區的溫泉旅館，約3萬日圓就能享有二位附早晚兩餐的套餐，但現在價格大約已漲至4～5萬日圓，若是高級精緻的旅館，價格甚至可能達到6萬日圓或更高。

箱根、日光、輕井澤等地，溫泉旅館和渡假村較多，商務旅館較少。以雙人房純住宿為例，商務旅館的價格大約在每人8千～1萬日圓之間。若碰上日本長假期（如5月黃金週、連休或夏季的盂蘭盆節），住宿通常迅速被預訂一空，價格也會大幅上漲。計畫這些期間出遊的朋友，記得提前預約並比價。

從東京出發近郊小旅行

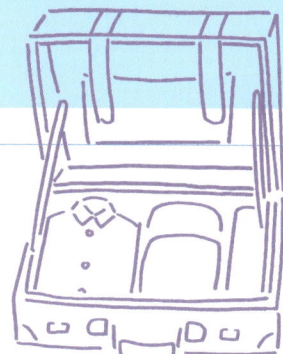

日本近年也漸集中於國內旅遊，所以除了外國旅客湧入外，熱門觀光地區及交通便利的車站周邊住宿，即使價格調漲也是供不應求，部分可能一、兩月前就已經預訂額滿。建議留意當地是否有大型活動、演唱會等容易滿房的情況，或是尋找熱門地區隔幾個車站的住宿，甚至是住宿方提出的早鳥優惠，可以取得較划算的價格。

1.新宿車站與新宿巴士總站相連，交通四通八達／2.上野也是不少人在東京會選擇的住宿區域／3.東京市區及近郊內的住宿非常搶手／4.箱根車站內有寄送行李至飯店的服務／5.活用各車站內的置物櫃

帶著行李走！體驗各地住宿

不少遊客會在觀光區的車站置物櫃寄放行李，玩完之後再回去拿，其實不少車站附近或觀光協會有提供當天將行李寄送至飯店的服務，按件數收費，價格與置物櫃相差不大，更能節省取行李的時間。此外，也可以在飯店前台填寫宅急便寄送表格，將行李箱或紙箱寄送到下一家飯店或機場櫃檯。

How to 宅急便寄送方式

不少遊客會在觀光區的車站置物櫃寄放行李，玩完之後再回去拿，其實不少車站附近或觀光協會有提供當天將行李寄送至飯店的服務，按件數收費，價格與置物櫃相差不大，更能節省取行李的時間。此外，也可以在飯店前台填寫宅急便寄送表格，將行李箱或紙箱寄送到下一家飯店或機場櫃檯。

實用旅遊 App

Essential Travel App

在日本旅遊時，實用的旅遊 App 可以幫助你隨時查看最新的交通資訊、了解未來幾天的天氣預報，並靈活調整行程，讓你的旅途更加順利。由於大部分日本的旅遊 App 主要以日文為主，下載時也會限定於日本地區。因此，建議在出發前將手機的 App Store 地區設定為日本，這樣就能順利下載。

乘換案內

市面上有許多查找日本交通方式的App，其中我最常使用的是「乘換案內」。輸入車站名稱，即可依照實時班次、指定日期及時間來搜尋坐車與轉車資訊。路線的搜尋結果會依照「時間最少」、「最省錢」、「最輕鬆(最少換車次數)」等方式呈現，可按照個人需求參考使用。

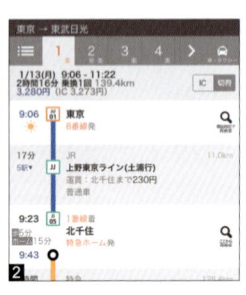

1.輸入目的地及時間／2.一次顯示路線、班次、方向、路經車站等，簡單明瞭／3.除了可以日文輸入，也可以輸入站名的英文拼音，部分車站也能輸入漢字對應

Yahoo! 天氣

查看日本當地即時及未來15天的天氣預報，我慣用的是「Yahoo！天気」App，除了可查看現在地的天氣，也可以預先輸入幾個地區(市、町或車站)的天氣做比較，可以看到未來幾天的天氣外，最多可看到未來15天的預報，讓行程有個準備。

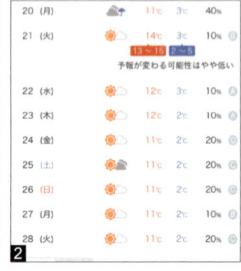

1.天氣概況包括氣溫、降水機率、風速等情報／2.部分日期會顯示A等至C等的「預報評級」，A等表示預報準確度高，C等則表示預報變化機率大，只作參考／3.最多可看到未來15天的天氣概況，哪一天天氣特別好特別差，心裡有個底也更方便

16

從東京出發近郊小旅行

東京廣域周遊券
Tokyo Wide Pass

對於計畫從東京出發遊覽近郊地區的旅客，JR 東日本推出的 JR 東京廣域周遊券 (JR Tokyo Wide Pass) 是經濟實惠的交通選擇。適用於指定範圍內的 JR 線、新幹線及特急列車，並可在有效期間內不限次數搭乘，為旅人提供極大的便利性。

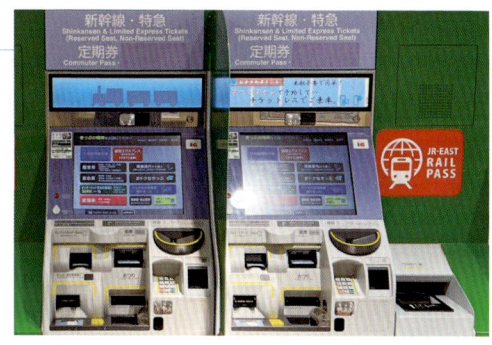

■ 票價資訊
- 成人 (12 歲以上)：15,000 日圓
- 兒童 (6〜11 歲)：7,500 日圓

■ 適用範圍
持此周遊券可自由往返東京近郊的多個熱門景點，包括河口湖、富士山周邊、輕井澤、日光、鎌倉、銚子及橫濱等地。此外，東京都內主要區域的 JR 線，包括山手線，也在適用範圍內，使旅客能更靈活安排行程。

■ 購買建議
由於新幹線車票價格較高，單趟來回的費用可能已超過周遊券的價格。因此，若行程包含輕井澤或其他需搭乘新幹線往返的路線，此票券將更具經濟效益，能有效降低交通成本。更多詳情可參考官方網站。

■ 購買方式
在海外或網路上購買 JR Pass 時所獲得的兌

使用有JR EAST RAIL PASS字眼的自動售票機可以護照購買或兌換JR Pass

換證等，都不能直接作為車票使用，必須在日本當地車站的取票機或旅遊服務中心的客服出示護照及購買證明，兌換成 JR Pass 票券才可以使用。

因為每個兌換車站的營業時間不同，自動售票機也非 24 小時服務，購買或兌換前必須留意時間，以免影響行程。在成田機場及新宿等遊客較多的區域，需要預留排隊的時間，可以的話推薦大家使用售票機，會比較省時。

在海外購買	在日本購買
在旅行社、網路上購買並獲得電子或實體兌換證。	■ JR 車站使用售票機購買 ■ 於各車站的 JR 東日本旅遊服務中心透過窗口向工作人員購買 (部分車站只設置自動售票機)

17

如何領取

領取周遊券時必須帶護照、購買時的信用卡、購買時的電子郵件(列印或手機畫面截圖)，部分機構在購買時會提供 QR Code，可在取票機使用。

已在海外購買 JR Pass，在自動售票機的左下角會有讀取 QR Code 的按鈕，按下並掃瞄護照的資料頁，多於一位乘客則是逐本掃瞄，每本護照的掃瞄大概需時約 10 秒。

東京廣域周遊券實體票券

使用方式

拿到 JR Pass 實體票券後，便可以像搭一般列車一樣，把 JR Pass 直接插進閘機進出車站付費區域，有拿到指定席票券時，則可以兩張票券一同放進閘機，入閘後記得拿回票券。以往必須透過窗口客服換票、人工剪票口及劃位的動作，目前已經全面自動化了。

購買指定席與劃位

乘坐一般列車以外的列車例如特急列車，部分是需要已劃位車票(指定席)才可以乘坐。預約新幹線、特急等指定席的劃位車票，使用自動售票機是最快最方便的，推薦大家多多利用。拿到 JR Pass 後便可以一次把行程中需要劃指定席的車票先預約好並取票，避免當天想預約的班次滿座，也免卻當天現場取票時大排長龍，省下時間。

綠色窗口

綠色窗口(みどりの窓口)是有人的營業窗口，無論手上有沒有 JR Pass 都可以向工作人員購買車票、進行改票等各種查詢。若要購入 JR Pass，只能使用售票機或至旅遊服務中心購買，旅遊服務中心的工作人員也能以英文或中文溝通。

綠色窗口

How to 操作自動售票機

　　自動售票機有提供繁體中文的操作介面，但車站及列車名稱有時會顯示為英文名稱，搜尋車站時也是只能使用英文，建議出發前先把要訂的列車班次時間、列車名稱（日文、英文）、乘車及下車地點（日文、英文）都記下，購票時會方便。如果無法處理，也可以向工作人員尋求協助。

自動售票機也有中文介面可使用

在中文介面搜尋目的地時只會顯示英文拼音

TOKYO SUBURBS

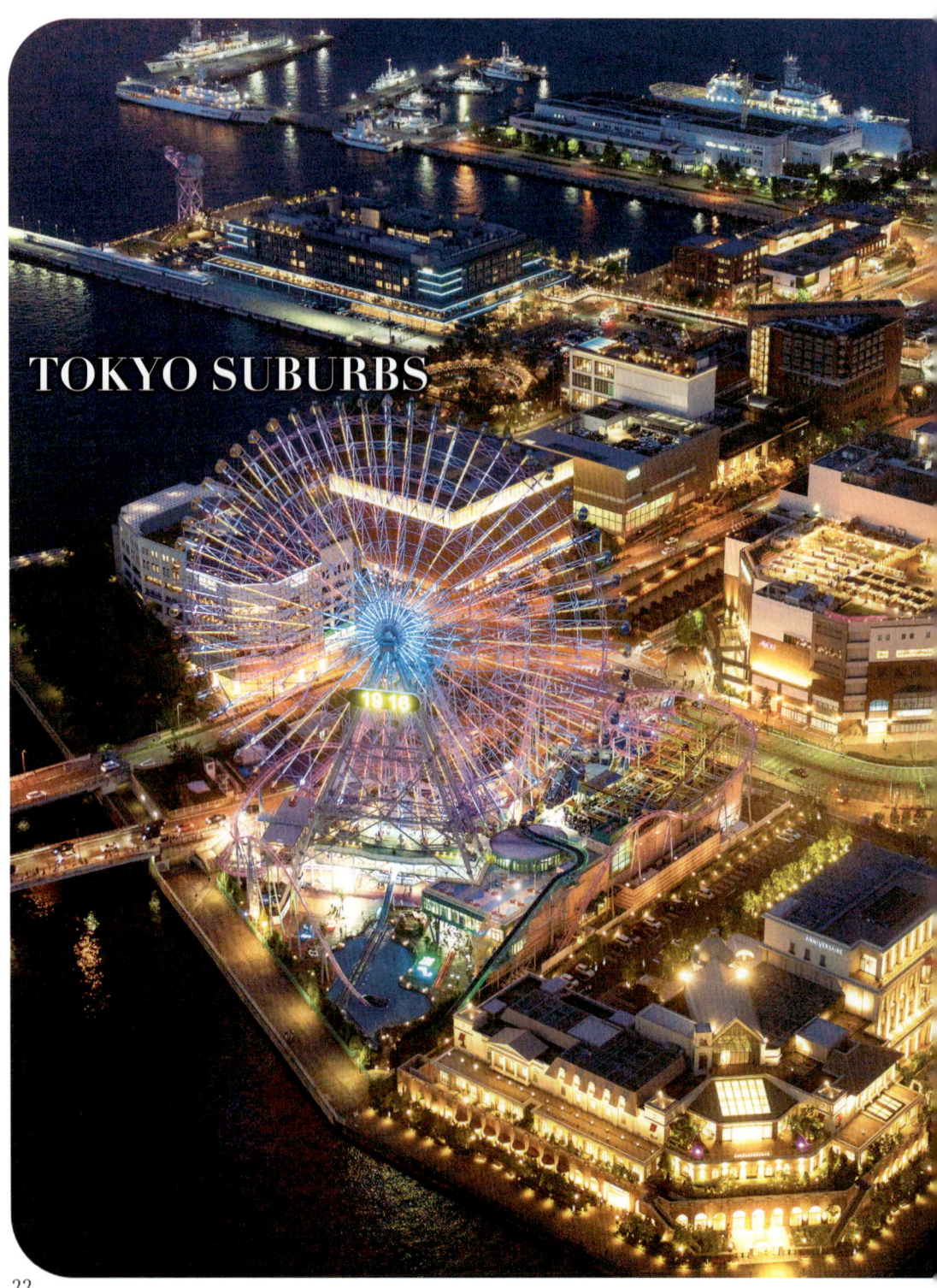

TOKYO SUBURBS

從東京出發至鎌倉、江之島，只需約一小時便可到達，交通方式相對簡單，是安排東京近郊行程非常合適的區域，就算是自由行新手也能輕鬆玩。離開大城市的喧鬧，在有著豐富歷史的古都鎌倉、青春氛圍滿載的湘南海岸、熱門景點江之島等，可以享受美景與美食，不論安排一天或兩天的行程，都能從中得到療癒。

鎌倉
江之島

KAMAKURA & ENOSHIMA

鎌倉、江之島地圖

東京近郊 ■ 鎌倉、江之島

前往鎌倉、江之島的交通方式
Let's Go

從東京出發到鎌倉需時約一小時，從橫濱出發也只需約 30 分鐘，無論住宿東京或橫濱都相當方便。東京各地有多種交通方式前往鎌倉及江之島地區，可以說是四通八達。鎌倉與江之島以江之電列車串連，兩者之間相距約 26 分鐘車程。出發前，先決定第一個目的地是鎌倉或是江之島，再考慮出發點是靠新宿還是東京車站方向，以及是否持有交通 Pass，就可以啟程。

鎌倉中心十分方便，一路南下前往江之島的話行程也會更順暢。

東京 ⇄ 鎌倉
Tokyo　Kamakura

乘坐 JR

如果購買東京廣域周遊券，乘坐 JR 至鎌倉這一區間的車費已經包括在費用裡面。

一般遊客會到達的鶴岡八幡宮及小町通是在鎌倉站，而繡球花季期間適合先在北鎌倉站下車，前往人氣的明月院，再坐 JR 或徒步前往

1.從東京車站乘坐橫須賀線至鎌倉、逗子方向／2.JR鎌倉站

從東京主要車站出發

出發	新宿站		東京站	
交通方式	小田急小田原線 約 55 分鐘	JR 湘南新宿線 約 1 小時	JR 橫須賀線 約 1 小時	
抵達（轉乘）	藤澤站		鎌倉站	大船站
交通方式	小田急江之島線 約 7 分鐘	江之電 約 11 分鐘	江之電 約 26 分鐘	湘南單軌 約 14 分鐘
抵達	片瀨江之島站		江之島站	湘南江之島站

製表：米克

25

購買去鎌倉、江之島的交通 Pass

小田急電鐵交通 Pass

江之島鎌倉周遊券（一日券）

- **適用範圍**：
  小田急線：新宿⟷藤澤（去程及回程各一次）
  江之電：全線（無限次搭乘）
- **價格**：成人 1,640 日圓(以新宿出發為例)
- **特色**：比單買車票更划算，適合一日遊江之島、鎌倉的旅客。
- **注意事項**：乘坐浪漫特快需另購特快車票，並且不包含 JR 路線。
- **購買地點**：
  小田急各車站售票機
  小田急旅遊服務中心（實體票）
  小田急官網（電子票）：

箱根鎌倉周遊券（三日券）

- **適用範圍**：
  小田急線：全線（無限次搭乘）
  江之電：全線（無限次搭乘）
  箱根地區：箱根登山電車、箱根登山巴士等八種交通工具（無限次搭乘）
- **價格**：成人 7,520 日圓
- **特色**：一次玩遍鎌倉、江之島、箱根，3 天內無限次搭乘多種交通工具，很方便。
- **注意事項**：乘坐浪漫特快需另購特快車票。
- **購買地點**：
  小田急各車站售票機
  小田急旅遊服務中心（實體票）
  小田急官網（電子票）：

東京廣域周遊券

　　東京廣域周遊券(JR Tokyo Wide Pass) 可以在 3 天內不限次數乘坐指定範圍內的普通列車、特急列車、新幹線等，可使用區間也包含了鎌倉。因為無法乘坐江之電列車，小田急推出的 Pass 使用上會更有優勢，而且從東京市區出發至鎌倉並不需要坐到新幹線，車費較便宜，如果還會去輕井澤、河口湖等其他東京近郊地區的話，就可以考慮購買周遊券。詳情請見 P.17。

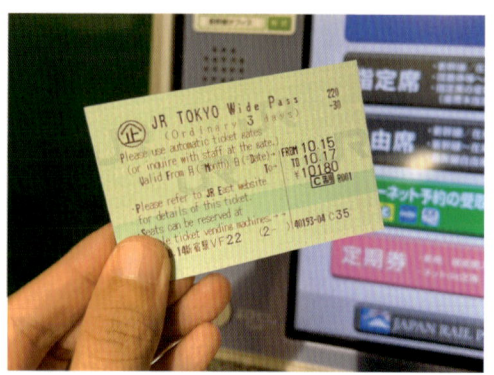

東京廣域周遊券實體票券

東京近郊 ■ 鎌倉、江之島

東京 ⟷ 江之島
Tokyo　　Enoshima

江之電一日車票

如果在鎌倉與江之島遊玩，一天之內會坐到3～4次江之電的話，推薦大家乘坐前先購買江之電一日車票Noriorikun，售價是800日圓，可以在一天之內不限次數在全線江之電自由上下車。

一般遊客最常去的車站是鎌倉、長谷及鎌倉高校前及江之島，確定會坐4次車的話就可以買，也省去每次買車票或是充值IC卡的時間。購買方式非常簡單，可以在各個車站的自動售票機買到。

乘坐小田急電鐵

江之島地區一共有三個車站，包括小田急線的片瀨江之島站、湘南單軌的湘南江之島站以及江之電的江之島站，均在徒步10分鐘內可以到達。從新宿出發的話，比起JR，更簡單的是乘坐小田急線至藤澤站，換乘江之島線至片瀨江之島站，需時約67分鐘。

你也可以從江之島站乘坐江之電前往鎌倉，惟小田急線及江之電不能使用JR Pass，已持有JR Pass想盡量省車費的話可以坐到大船，換乘湘南單軌至湘南江之島站。

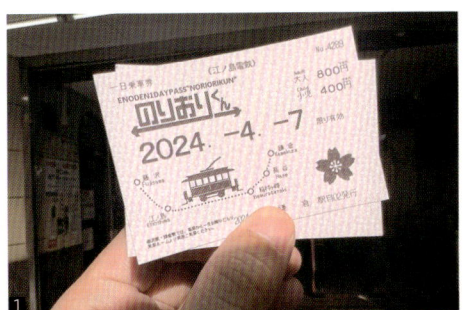

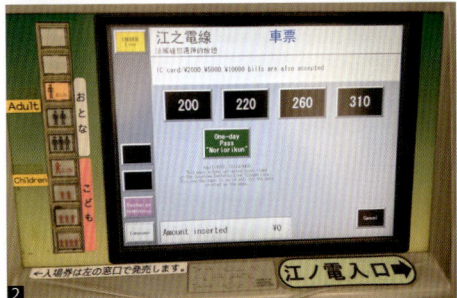

1.江之電1日車票Noriorikun／2.在自動售票機就可以輕鬆購買

1.小田急線／2.湘南單軌

鎌倉、江之島的移動方式
Let's Go

周遊鎌倉與江之島可選擇單日往返或分兩天遊覽，交通方式靈活，可依行程安排決定。兩地間的交通簡單易懂，是東京旅遊新手的理想路線。

前往鎌倉主要景點，徒步搭配電車或公車已足夠。從鎌倉站步行即可到達熱鬧的小町通，再沿路可抵達必訪的鶴岡八幡宮。若步調悠閒，還能漫步至北鎌倉（如明月院、建長寺一帶），沿途餐廳與店家眾多，適合慢步探索的旅客。

徒步

Tips 建議穿好走的鞋

鎌倉車站周邊及海岸一帶地勢較平坦，步行較為輕鬆。內陸地區則多坡道，建議穿著舒適、適合步行的鞋子，以便輕鬆探索各景點。

自行車

鎌倉站東口外設有腳踏車租借處，提供一般與電動腳踏車，租借時間從1小時起，4小時以上按一日計費。騎車沿海岸吹拂海風是絕佳體驗，且可選擇在江之島還車，無需折返鎌倉，

1.鎌倉車站／2.鎌倉車站外面熱鬧的小町通／3.自行車租借處

東京近郊 ■ 鎌倉、江之島

節省時間。建議留意當日租借處的還車時間。

電車

鎌倉與江之島之間的最佳交通方式是搭乘江之電。江之電共有 15 個車站，連接鎌倉與藤澤，沿途經過長谷、鎌倉高校前、江之島等熱門景點。由於只有一條路線，方向清晰，搭乘起來相當便利。從鎌倉到江之島單程約 26 分鐘，班次頻繁，適合自由安排行程。

江之電列車本身具有復古可愛的特色，部分路段更是沿海行駛，旅途中可欣賞美麗的海景，增添乘車樂趣。綜合考量便利性與觀光體驗，我推薦大家搭乘江之電，輕鬆遊覽鎌倉與江之島之間的主要景點。

1.江之電列車／2.灌籃高手平交道(鎌倉高校前站)

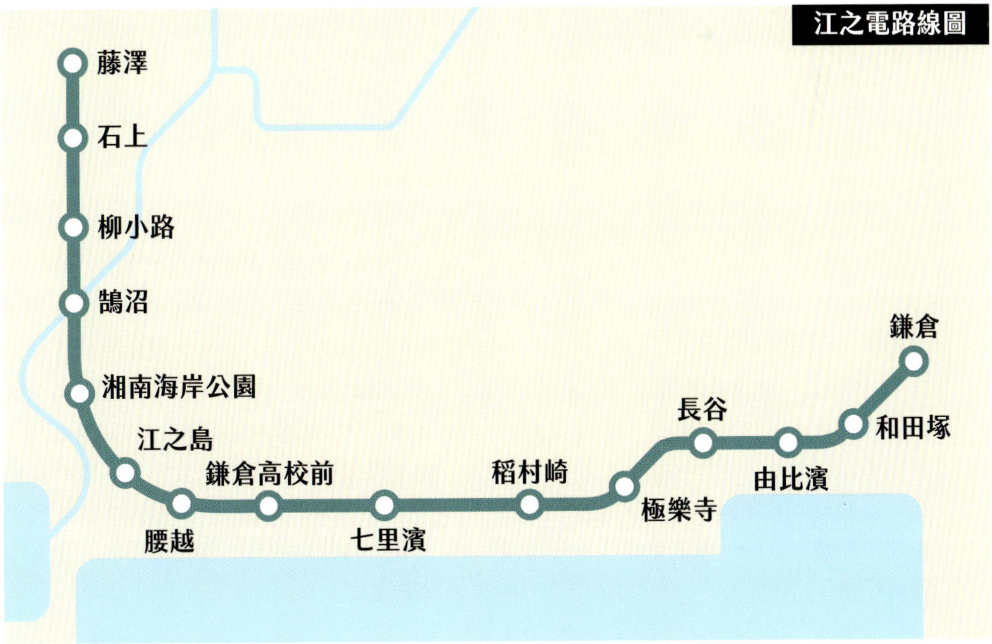

江之電路線圖

藤澤 — 石上 — 柳小路 — 鵠沼 — 湘南海岸公園 — 江之島 — 腰越 — 鎌倉高校前 — 七里濱 — 稻村崎 — 極樂寺 — 由比濱 — 長谷 — 和田塚 — 鎌倉

29

東京近郊
Kamakura

鎌倉

鎌倉車站周邊

1.鎌倉站東口是交通樞紐／2.江之電鎌倉站與JR鎌倉站相連
3.在鎌倉站月臺下車,便會看到清晰的方向指示／4.無須出閘可直接換乘江之電

從JR鎌倉車站出發,可從東口或西口前往不同的街區,各具特色。無論是初次到訪的遊客,或是深度旅遊的朋友,都能找到屬於自己的樂趣。

東口　熱鬧又方便的街區

如果是第一次來鎌倉的遊客,熱門景點主要集中在東口。出站後,迎面可見巴士站與計程車站,右側連接大型超市與商店,左側則是熱鬧的小町通。這裡不僅匯聚眾多餐廳,還能一邊逛商店街,一邊漫步前往鶴岡八幡宮。

西口　鎌倉沉穩的另一面

從西口出來,可看到御成通。雖然不像小町通那樣熱鬧,但卻是當地居民日常生活的重要區域,擁有許多不為人知的小店和咖啡館。西口附近還有一些深度景點,如佐助稻荷神社和錢洗弁財天宇賀福神社等,適合喜愛沉靜旅行的遊客。如果需要前往大佛或換乘江之電,也可以直接從JR站內通道走到西口。

東京近郊 ■ 鎌倉、江之島

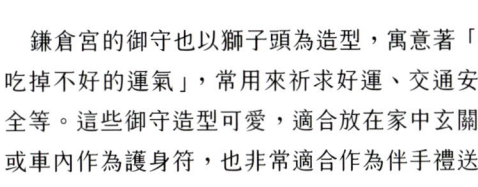

1.紅白配色的鳥居在日本相當罕見／2.鎌倉宮也以除厄石聞名,把小盤子扔到除厄石上,碎掉的盤子象徵消除厄運／3.手水舍以獅子頭及紅葉裝飾／4.繪馬也是獅子頭

招來幸福與運氣的獅子、可愛小巧的神社
鎌倉宮

鎌倉宮位於鎌倉的寧靜區域,是一個遠離市區繁華喧囂的地方,讓遊客能夠更加感受到古都鎌倉的寧靜氛圍。這座神社特別適合喜歡遠離人潮的遊客。與報國寺一樣,鎌倉宮的周圍環境充滿自然氣息,無論春天的河津櫻,還是秋天的紅葉,四季變換的景色都能讓人放鬆身心。

鎌倉宮於1869年由明治天皇創建,這座神社的規模不大,供奉的是鎌倉時代的護良親王。據傳,護良親王在出征時曾將獅子形的小御守放入鎧甲中祈求庇佑,後來這個獅子頭便成為了除災和招來幸運的象徵。神社的手水舍(洗手池)每個季節都會根據節令的變化進行裝飾,包括紅葉、黃色小鴨等,並且在境內到處都可以看到獅子頭的裝飾,非常適合拍照。

鎌倉宮的御守也以獅子頭為造型,寓意著「吃掉不好的運氣」,常用來祈求好運、交通安全等。這些御守造型可愛,適合放在家中玄關或車內作為護身符,也非常適合作為伴手禮送給親友。

值得一提的是,鎌倉宮的鳥居不同於一般的朱紅色鳥居,它的鳥居是少見的白色與紅色相間,並且由混凝土製成,這樣的設計象徵著純真(白色)與真誠(紅色),為這座神社增添了一份獨特的氛圍。

http www.kamakuraguu.jp | 神奈川縣鎌倉市二階堂154

懷舊商店街、小吃伴手禮天堂
小町通

1.在小町通可以找到各種特色小吃跟飲料／2.小町通的拱門設計懷舊又顯眼／3.熱鬧的小町通／4,5,6.繪有賣衣服、手工藝品或陶藝品的店家等

　　從鎌倉車站的東口步出，便會看到熱鬧的小町通商店街，長約600公尺，一直延伸至代表景點鶴岡八幡宮。這條街不僅是當地人日常的聚集地，也是外國觀光客的熱門去處。街道兩旁擁有各式餐廳、咖啡廳、和菓子店、伴手禮商店等，展現了昭和時代的懷舊風情，也有引領流行的服飾店等，總共超過250家店鋪，從早到晚總是人潮滿滿。

　　小町通上有許多店家販售湘南特產吻仔魚製作的小吃和日式抹茶甜點等，這些小吃的種類繁多，反映出鎌倉的時尚潮流。此外，還可以在這裡租借和服或搭乘人力車遊覽鎌倉市區。除了美食和購物，慢慢逛著也能一路走到鶴岡八幡宮，非常適合成為鎌倉之旅的第一站。

　　小町通在週末和假日的白天時段是行人專用區，禁止車輛進入，因此附近的停車場經常十分擁擠，建議搭乘大眾交通工具前來較為方便。在安排鶴岡八幡宮及其他鎌倉行程時，不論是與朋友或家人同行，都非常適合來小町通逛逛、買伴手禮，或是探索各個小巷弄，發現屬於自己的私房店家。

> **Tips　可以邊走邊吃嗎？**
>
> 　　在鎌倉市及小町通，原則上是不允許邊走邊吃東西的。遊客可以選擇在各店家的內用區域用餐，或是使用公共椅子等休息設施。同時，記得將垃圾丟棄在指定的地方，保持街區的整潔。

http　www.kamakura-komachi.com
神奈川縣鎌倉市小町1～2丁目、雪ノ下1～2丁目

東京近郊 ■鎌倉、江之島

鎌倉名店的厚燒鬆餅
豐島屋瀨戶小路

 FOOD

www.hato.co.jp/shop | 神奈川縣鎌倉市小町2-7-26 | 10:00～17:00 | 全年無休

　這家從鎌倉代表伴手禮「鴿子餅乾」名店延伸出來的厚燒鬆餅專門店，特色是提供現點現烤的鬆餅！鬆餅口感厚實，彷彿銅鑼燒，中間夾著紅豆奶油、卡士達奶油等約8種口味，熱騰騰的鬆餅帶有奶油的鹹味，可以在二樓的內用區享用。店內還有販售招牌的鴿子餅乾，以及鎌倉非常有名的「鎌倉まめや」花生零食，這些都是非常適合作為伴手禮的選擇，並且在小町通也能輕鬆找到。(請參考P.60)

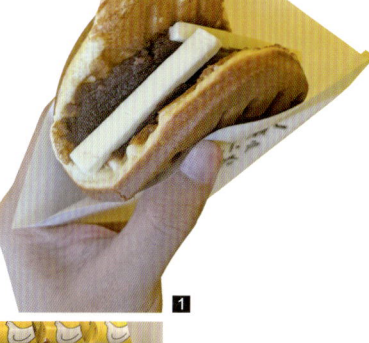

1.豐島屋瀨戶小路的厚燒鬆餅／2.二樓是內用區域／3.可以入手招牌鴿子餅乾

33

四季如畫、古都鎌倉的象徵
鶴岡八幡宮

　鎌倉有「古都」之稱，擁有豐富的歷史故事。被認為是鎌倉文化的起點，鎌倉最知名的景點便是鶴岡八幡宮。這座神社源自於鎌倉幕府的開創者源賴朝的祖先，源賴義將京都的石清水八幡宮的神靈「勸請」到由比濱（「勸請」意指將神佛的分靈移到其他地方供奉），成為武家源氏的氏神。後來，源賴朝將神社移至現址，奠定了鶴岡八幡宮的基礎，至今已有約850年的歷史，作為鎌倉武士精神的象徵，幕府的許多重大決策也在此向神明請示。由於源賴朝信仰八幡大神為「武運之神」，各地的武士也紛紛效仿，在全日本建立了許多供奉八幡大神的神社。

　除了是鎌倉幕府的守護神外，幕府的許多重要儀式也在鶴岡八幡宮舉行。即使鎌倉幕府終結，豐臣秀吉與德川家康也致力於修建與復興鶴岡八幡宮，讓它成為鎌倉的中心，並促使鎌倉逐步發展成為觀光熱點。至今，鶴岡八幡宮不僅吸引大量的日本國內外遊客，也成為了祈求事業順利、安產、結緣等的場所。

東京近郊 ■鎌倉、江之島

　從鎌倉車站步行約10分鐘，便會看到引人注目的二之鳥居，這條道路名為若宮大路，直通至鶴岡八幡宮，是神社的參道。兩旁充滿了店鋪與餐廳，非常熱鬧。鳥居後的這條路比車道稍高，越靠近鶴岡八幡宮，路越來越窄。這一段兩旁種滿櫻花樹的路段稱為「段葛」，是源賴朝為了祈願正室政子順利生產而親自指揮興建的參道。

　夏天的段葛綠意盎然，春天則櫻花盛開，猶如一條櫻花隧道，吸引來自日本及世界各地的遊客。這條櫻花隧道的美景壯觀無比，被列為「日本櫻花百名所」之一。儘管鶴岡八幡宮四季風貌各異，春天的櫻花季節尤其值得一遊。

　鶴岡八幡宮的境內有許多小神社及歷史遺跡，並設有咖啡廳和博物館。在神社範圍內漫步，能夠享受愜意的時光，周圍有池塘與樹木，讓人感覺被自然所包圍。不同季節來訪，會有不同的體驗，秋天時，這裡也是賞紅葉的絕美景點。

1.鶴岡八幡宮的本宮朱紅色外觀非常搶眼／2.假日期間參拜人潮眾多／3.旗上弁財天是位於池中心的小神社／4.紅葉時期的鶴岡八幡宮感覺淒冷又華麗／5.櫻花季期間的源平池／6.鳥居型的繪馬非常可愛／7.春季期間的段葛，延綿不絕的櫻花隧道／8.櫻花季期間晚上「段葛」會舉行點燈，氛圍魅幻

www.hachimangu.or.jp ／ @tsurugao-ka_official ／ 神奈川縣鎌倉市雪ノ下2-1-31 ／ 06:00～20:00

靜謐優雅的竹之庭、感受日式傳統之美

報國寺

　　報國寺建於1334年，又名「竹寺」，境內的竹之庭擁有2,000株竹樹，漫步其中可以感受到清新的自然氣息。該寺在米其林綠色指南中獲得了三星評價，並在國內外遊客中深受喜愛。鎌倉得天獨厚的背山面海的環境，曾經是大文豪們的度假別墅勝地，據說《雪國》的作家川端康成也曾在報國寺附近居住過，優美的自然景觀或許也是創作的靈感來源。

　　踏入報國寺的山門，沿著參道可見以青苔為主的日本庭園，從山門進入到竹之庭前的這段路是免費的，但要進入竹之庭和茶室範圍，則需要額外付費。

　　進入付費區域後，首先映入眼簾的是本堂和釋迦堂，外面則是一座枯山水庭園。枯山水是一種獨特的造園藝術，表面上看似有水，實則是用石頭代表山，沙子代表海洋和波浪，表現出流水的姿態卻始終靜止不動，這正是日本庭園中對「侘寂」美學的具象化表現。枯山水區域是不可進入的，但可以靜心欣賞，體會這片刻的寧靜。

東京近郊 ◢ 鎌倉、江之島

休耕庵

繼續前行，來到竹之庭，這裡的孟宗竹生長茂密，高達20公尺左右，四季皆可欣賞。在炎熱的夏天，這片竹林更顯清涼，風聲與竹葉的沙沙聲帶來一份靜謐的舒適感。

沿著步道向前走，將抵達茶室「休耕庵」，這裡是體驗古代文人貴族式的茶道文化的好地方。你可以一邊欣賞竹之庭的美景，一邊品嘗抹茶。請注意，茶室的茶券只能在入場處購買，在尖峰時段可能會停止販售。建議先品嘗乾菓子，再喝上一口抹茶，菓子的甜味會與抹茶的苦味交織，帶來絕佳的口感體驗。茶室前的竹林景觀，為都市人提供了一個難得的悠閒時光，遠離日常的喧囂。

報國寺四季皆有美景，無論何時來訪，這裡都是放鬆心情的好地方。由於距離鎌倉車站和小町通略遠，建議搭乘公車前往，或從鶴岡八幡宮步行約20分鐘到達。

1.種滿青苔的日本庭園／2.春天時的報國寺櫻花盛開，吸引遊人前來拍照／3.報國寺的山門／4.枯山水／5.在寺內有許多小地藏，與周圍環境相映成趣／6.竹之庭／7,8.在茶室休耕庵享用抹茶

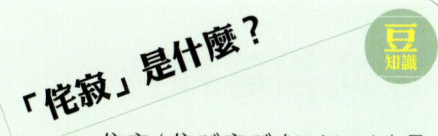

🔗 houkokuji.or.jp ｜ @houkokuji_official
｜📍神奈川縣鎌倉市淨明寺2-7-4｜🕘 09:00～16:00｜休 12/29～1/3｜💰入場費(高中生以上)400日圓、抹茶券600日圓

「侘寂」是什麼？　豆知識

侘寂(侘び寂び/Wabi-sabi)是日本特有的美學概念，「侘」指的是質樸與簡樸之中的趣味，「寂」是指隨著時間流逝所展現的美。世上萬物會隨時光推移而破損，但不以退化等負面方式來看待這些變化，反而把這些變化的多樣美稱為「寂」。相較西方追求華麗、對稱的美，侘寂強調簡樸、非對稱、留白，不完美和缺陷也是一種自然和態度，這種價值觀也反映到日本文化當中的禪、茶道、繪畫、工藝及美術等。

37

1,3.住宅區之中突然出現的一整排鳥居／2.御朱印上也有寫明「隱れ里」，意指隱癒的村落或與世隔絕的地方／4.佐助稻荷神社就如傳說記載般非常隱密，隱藏在大自然之中／5,6.狐狸被視為稻荷神的使者／7.佐助稻荷神社的貓狗御守造型十分可愛／8.可為家中寵物、患病寵物以及流浪貓狗等祈福

鎌倉的隱藏版鳥居隧道
佐助稻荷神社

佐助稻荷神社隱身於鎌倉的寧靜住宅區深處，穿過安靜的街道後，便可看到一排排朱紅色的鳥居，這便是這座擁有超過800年歷史的神社。佐助稻荷最初是鶴岡八幡宮的境外末社，但在1909年獨立，成為一座獨立的神社。許多人熟悉京都的伏見稻荷大社，尤其是千本鳥居，但也許不知，鎌倉的佐助稻荷神社同樣擁有類似的景象，參道兩側排列著如同無窮無盡的鳥居，彷彿是一個進入異世界的入口，且周圍布滿了白狐的雕像，讓這個地方充滿神祕氛圍。由於位置較為隱密，佐助稻荷神社的外國遊客較少，拍攝千本鳥居的打卡照也較輕鬆。

傳說在鎌倉幕府的開創人源賴朝患病臥床時，有一世自稱「隱蔽村落的稻荷」的老翁出現在夢中，勸他舉兵對抗平氏，多番波折後，源氏在壇之浦之戰獲得勝利，消滅平氏並建立鎌倉幕府。源賴朝後來命人找到了「隱

東京近郊 ◢ 鎌倉、江之島

蔽村落的稻荷」的神祠，並重建了稻荷神社，這段佳話使佐助稻荷神社的信仰廣泛，也被尊稱為「出世稻荷」(出世意指出人頭地、熬出頭來)，吸引想祈求成功、工作運的人來參拜。

神道普遍認為用四隻腳走路的動物等同污穢，忌諱將狗帶進神域內，特別是稻荷神社有狐狸跟狗合不來的有趣說法。不過近年來把貓狗視為家庭成員的人增加，讓寵物一同進入的神社也變多了。佐助稻荷神社特別之處在於，除了可以為人祈求好運外，還能為寵物與動物求得好運，這樣的神社在全日本也十分罕見。曾有一位參拜者反映，參拜後數天，在夢中與已過世32年的愛犬重逢，夢中的觸感如同實際接觸到愛犬般，讓他感動不已。除了家中的寵物，佐助稻荷神社也為流離失所的動物祈福。

www.sasukeinari.jp　@sasukeinarijinja
神奈川縣鎌倉市佐助2-22-12

鳥居的作用 豆知識

　　鳥居是神社用來將神所居住的神域與人類所居住的世界分開的結界，也可視為神域的入口。自古以來，鳥居的朱紅色象徵著除魔與防災的意義，人們也會捐獻鳥居來祈願或還願，因此有些神社的鳥居數量特別多。

「千本鳥居」中的「千」只是用來形容數量眾多，實際上並不一定有一千個，甚至數量可能遠超過一千個。例如，京都伏見稻荷大社的鳥居數量就有約一萬個。

越洗越有錢！人氣求財運神社
錢洗弁財天宇賀福神社

　錢洗弁財天宇賀福神社與佐助稻荷神社一樣隱身於住宅區，但這裡更為隱密。進入神社時需要穿過一個洞穴，洞內別有洞天，除了神社與池塘，還有休憩區和茶寮。雖然這裡相對隱蔽，且外國觀光客較少，但卻吸引了不少日本人專程前來祈求財運與樂透運等，特別是新年時，許多人都來此祈求好兆頭。

　錢洗弁財天宇賀福神社與源賴朝有著深厚的淵源。相傳在平安時代末期，鎌倉連年遭遇災害，源賴朝祈求神佛保佑，後來他在夢中得到了宇賀福神的啟示：「用此地湧出的泉水供奉神佛，天下將會恢復太平。」於是，源賴朝在此建立了神社，自此天下的災難逐漸平息。這裡的主祭神是宇賀福，而洞穴內供奉的是弁財天。湧出的靈水被稱為「錢洗水」，人們相信用這水來洗錢可以讓財運倍增，也能洗去心靈上的不潔。

1,2.人山人海的洗錢現場，假日特別多人前來／3.穿過洞穴便是神社境內／4.以錢洗水來清洗自己的錢，關於財運，大家都特別用心

　洗錢的程序非常簡單。首先，前往社務所購買蠟燭和線香，並拿一個篩子。點燃線香和蠟燭，分別放到香爐和燭臺，參拜後便可開始洗錢。將自己的紙幣與硬幣放入篩子，然後倒入錢洗水三次進行清洗。由於紙幣和硬幣會濕掉，建議攜帶塑料袋或衛生紙。告示上寫著：「將乾掉後的錢有意義地花掉」，按照這樣做，財運或許會因此而來！

http www.trip-kamakura.com/place/195.html ｜ 神奈川縣鎌倉市佐助2-25-16 ｜ 08:00～16:30(最後入場時間16:00)

東京近郊 ■ 鎌倉、江之島

建築師隈研吾作品、感受英國文化氣息
英國古董博物館 BAM 鎌倉

博物館於2022年8月開幕，位於鶴岡八幡宮外的若宮大路上，入口處擺放著福爾摩斯雕像及英國古董計程車。這座樓高四層的小型博物館由世界知名建築師隈研吾設計，成為近年鎌倉的新興景點。英國對於古老美好事物的珍視與保存歷史文化的信念與鎌倉的氛圍相符，這也是館方選擇鎌倉作為博物館設址的原因。

博物館的每層樓均展示了不同時代與主題。二樓展示了英國喬治時代的餐具、餐桌等，華麗而又帶有古舊氛圍。三樓則重現了福爾摩斯的房間，展示了故事中登場的維多利亞時代家具及生活用品等。四樓則設置了維多利亞時代英國貴族使用的鋼琴、暖爐等，從展示物的精緻程度可以窺見當時貴族的華貴生活方式。在一樓的付費區域外，設有伴手禮商店，販售許多從英國進口的玩偶、明信片、茶杯等，極具特色。

1.精緻的展品，瞬間讓人忘了身在日本／2.重現了福爾摩斯故事當中的房間／3.在日本國內較難看到的英國古物／4.英國古董博物館BAM鎌倉外觀時尚簡約，入口處的古董計程車都是打卡景點

http www.bam-kamakura.com｜神奈川縣鎌倉市雪ノ下1-11-4-1｜10:00～17:00｜休 全年無休｜$ 成人1,300日圓

> 鎌倉季節之美

初夏絕美繡球花與秋季紅葉

日本四季分明，不同季節前來都可以看到不一樣的風景，每到初夏便是繡球花盛開之時，而鎌倉就有如繡球花名所的代名詞，花季時吸引眾多遊客前來欣賞。鎌倉的紅葉比其他東京近郊的觀賞期較晚，11月下旬～12月上旬也能看得到。

超人氣繡球花景點、秋季隱藏版紅葉庭園

明月院

每到梅雨季，繡球花在各地盛開，為長期陰天和雨天的鬱悶帶來一絲清新，鎌倉也因此變得異常熱鬧。位於北鎌倉的明月院，是鎌倉欣賞繡球花的最著名景點，也是代表性的景點之一，素有「繡球花寺」之稱。這裡擁有神祕又浪漫的日式氛圍，每到花季總會吸引大量遊客前來。沿著參道種滿了約2,500株藍色繡球花，彷彿一個個花球掛在草叢中，獨特的色彩被譽為「明月院Blue」。最佳的觀賞期通常落在6月上旬～7月左右。

繡球花生長需要大量的水分，與櫻花不同，櫻花的花瓣一下雨就有機會被打掉，遇上幾天下雨可能就變得不好看，但下過雨後的繡球花，顏色會顯得更鮮豔，花瓣看起來也更豐盈，在日本被認為是梅雨季及夏天到來的象徵。

東京近郊　鎌倉、江之島

1.明月院參道兩旁種滿藍色繡球花／2.除了藍色之外也有其他顏色的花／3.入口前有龜兔石像／4.人氣打卡點「領悟之窗」／5.只於夏秋指定期間開放的庭園

繡球花剛開花時呈現淡淡的藍色，各株的顏色濃淡不一，但到6月中旬時，繡球花的顏色逐漸變成彩藍，也正是最美的時期。此時，明月院開門之前，常常會有遊客在外排隊等候入場。當遊客人數較多時，有時會進行入場管制。如果可以，最好在上午人較少時前來，這樣拍照會更加方便。

明月院除了初夏的繡球花季外，秋天也很適合到訪。本堂後面的庭園每年只有在夏季的花菖蒲盛開及秋季的紅葉觀賞期(約11月下旬～12月上旬)開放民眾參觀，名為「領悟之窗」的圓形窗充滿禪意，從窗看出去可看到後面的庭園，是明月院人氣的拍照點。

神奈川縣鎌倉市山ノ內189｜09:00～16:00(繡球花季節期間開門時間及日期可能有變)｜入場費成人500日圓、本堂後庭園參觀費500日圓

必逛眺望小路！海與花的絕景寺院

長谷寺

乘坐江之電列車在長谷車站下車，除了可以參觀經典景點鎌倉大佛外，還特別推薦在夏季和秋季期間前往長谷寺。每年6月左右，長谷寺內的繡球花盛開，與明月院清一色藍色的花朵不同，長谷寺的繡球花有約40種品種、2,500株，顏色多樣。寺院內有眾多佛像，地形也十分豐富，不僅有細長的小路和斜坡，還可以眺望海景及街景，使得在長谷寺欣賞繡球花的體驗極具趣味性，與其他繡球花景點相比，別具特色。

長谷寺四季皆有不同的花卉可供欣賞，被譽為「鎌倉的西方極樂淨土」。寺內擁有以多個水池為主的迴遊式庭園，在許多角落供奉著佛像和地藏像。在繡球花季期間，經藏後方的「眺望小路」需要另行付費才能進入，因為小路容納的人數有限，入場時需購

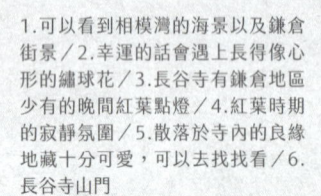

1.可以看到相模灣的海景以及鎌倉街景／2.幸運的話會遇上長得像心形的繡球花／3.長谷寺有鎌倉地區少有的晚間紅葉點燈／4.紅葉時期的寂靜氛圍／5.散落於寺內的良緣地藏十分可愛，可以去找找看／6.長谷寺山門

44

東京近郊　■鎌倉、江之島

日本繡球花的歷史
豆知識

　　繡球花其實是日本原產，但以前在日本並沒有受到歡迎，經由絲綢之路傳到英國並改良品種後，變得像一個個飽滿花球的「本繡球花」在大正時代重新傳入日本並受到歡迎。

繡球花為什麼有藍有紅？

　　繡球花在日本的叫法是「紫陽花」，顏色取決於生長土壤的酸鹼度，土壤屬酸性的話花就會長成藍色，鹼性的話花就會長成紅色，也有生長成白色或粉紅色的品種，東京近郊地區的繡球花觀賞期大概落在6月上旬～7月上旬。

買整理券，並且會有電子螢幕公布叫號。人多時，可能需要排隊一小時以上才能進去，但長谷寺範圍廣大，在等候的過程中可以四處逛逛，途中還可以在寺內的餐廳或休息區放鬆。每年眺望小路需要整理券的時期會根據開花情況進行調整，雖然寺內其他地方也能欣賞盆栽種植的繡球花，但眺望小路的景色壯觀，因此建議大家預留更多時間，並早點來排隊。

　　眺望小路利用地形，將繡球花種植在斜坡上，遊客彷彿被360度包圍在繡球花的花海中。這裡種植的品種較多，還在在長谷寺才能看到的新品種，且開花時期會錯開，因此長谷寺的繡球花觀賞期較其他景點長。由於需要爬樓梯和斜坡，建議穿著舒適的鞋子。

　　在秋季，長谷寺除了白天的紅葉，還是少數設有晚間紅葉點燈的景點，屆時開門時間將會有所不同。鎌倉通常給人的印象是白天熱鬧，但秋天時，遊客可以從早到晚感受不一樣的鎌倉風情。

http www.hasedera.jp｜神奈川縣鎌倉市長谷3-11-2｜08:00～16:30(17:00關門)/4～6月08:00～17:30(17:30關門)｜入場費成人400日圓、眺望小路於最佳觀賞期間需另外購買入場券500日圓(小學生以上)

45

像皇族一樣在庭園之中散步、鎌倉新名所
一條惠觀山莊

1. 在人潮滿滿的鎌倉之中，彷如世外桃源般的存在／2. 種植多種不同的繡球花／3. 放滿鮮花的手水鉢／4. 設有茶室可品嘗抹茶跟和菓子

　一條惠觀山莊由江戶時代的皇族一條惠觀在京都建立，後來於昭和時代移建至鎌倉並被指定為日本國家指定文化財，最終再次搬遷至現址，其歷史地位堪比京都的桂離宮。自2017年6月起開放給民眾參觀，設有精緻的庭園景觀和茶室，遊客可在此體驗京都文化與鎌倉自然環境的完美融合，展現出婉約的美感。雖然鄰近報國寺，但位置較為偏僻，目前尚未成為太多海外遊客的必遊景點，卻是我個人喜愛的私房景點。

　山莊的入口處就充滿了細膩的心思，幾個不同大小的鉢（水盆）中擺放著當季的花朵，稱為「手水鉢」，十分精緻，也是熱門的打卡點。庭園復刻了京都當時的枯山水風格，遊客可以在步道上慢慢散步，欣賞隨著四季變化的迴遊式庭園景致。山莊內的茶室宛如田野鄉間的民家，流露出樸素的日式風情。在這裡，遊客可品嘗咖啡、抹茶或和菓子，同時欣賞滑川的如畫景色，暫時忘卻都市的喧囂，享受寧靜而放鬆的時光。除了夏季的繡球花，這裡的紅葉也非常美麗，每年大約在11月中旬～12月中旬是最佳觀賞期。

> http ekan-sanso.jp｜神奈川縣鎌倉市淨明寺5-1-10｜10:00～16:00(最後入場時間15:30)｜休 有長期休園，詳看官網所示之開園時間表｜$ 入場費500日圓(未就學兒童及嬰兒車無法入場)

46

東京近郊 ■鎌倉、江之島

FOOD

在老舖喫茶店品嘗長年備受喜愛的厚鬆餅

IWATA COFFEE

iwatacoffee.sakura.ne.jp | @iwatacoffee | 神奈川縣鎌倉市小町1-5-7 | 09:30～18:00 | 週二、每月第二個週三

　從鎌倉車站穿過小町通入口的鳥居，馬上可到達IWATA COFFEE。1945年開店至今約80年歷史，無論在當地人或是觀光客之間都非常受到歡迎，就連樂團披頭士的約翰藍儂也曾是座上賓。雖然每天9點半才開門，但往往開店前就有客人在排隊等開門，為的就是店裡招牌的「極厚鬆餅」。鬆餅以銅板細心烤製，純樸又軟綿的口感一直深受喜愛，幾乎每桌必點，因為製作一客鬆餅約需30分鐘相當耗時，進店時店員就會先跟你確認是否會點鬆餅。

　兩層的厚鬆餅每層約有3.5公分厚，分量十足，加上奶油及楓糖漿，外層微脆、內裡軟綿如蛋糕，每吃一口都是懷舊的味道。店內還提供三明治、吐司等餐點，上午11點半前可以點早餐是一大特色。如果兩個人來，推薦點三明治和厚鬆餅各一份，下午時分來的話，布丁、水果三明治等也適合當點心。幸運的話，可以坐到庭園旁的座位，一邊感受著透進室內的陽光，一邊享用始終如一的美味。因為無法預約座位，建議要預留排隊的時間，並避開午餐尖峰時段。

1.招牌的厚鬆餅幾乎每桌必點／2.店內香濃的咖啡／3.滿滿配料的三明治／4.外觀是傳統的日式喫茶店／5,6.店裡的座位舒適，很適合來喝咖啡／7.店舖外觀及展示的食物模型充滿昭和風情

47

東京近郊
Kamakura

鎌倉

江之電沿線

1.江之電是當地的重要交通工具／2.湘南地區充滿青春氣息，也是衝浪聖地／3.鬆餅名店bills的日本1號店／4.列車、海邊與平交道的風景是江之電沿線象徵

　　乘坐江之電從鎌倉到江之島，只需約26分鐘，沿途風景有山有海，以綠色的復古風列車令人印象深刻。全程只有15個站的江之電，觀光資源卻十分豐富，從車窗看出去可以看到湘南湛藍的大海，也能感受當下的季節氣息。除了有人氣觀光景點的車站外，各個車站也有其隱藏魅力，可以活用江之電一日券，中途下車探索一下。

　　最多人前往的「長谷站」有鎌倉大佛、長谷寺等景點，也有各種伴手禮商店跟餐廳，從「稻村崎站」至「鎌倉高校前站」的沿海路段，可體驗湘南特有的青春感。想深入當地人的生活，可以去到在地人才知道的「腰越站」，沒有觀光區的繁華，是江之電唯一在路面行駛的路段，列車穿過大街，宛如日劇及電影當中的一幕。營運至今超過100年的江之電，繼續與這片土地共存。江之電路線圖請參考P.29。

東京近郊　■鎌倉、江之島

長谷站或極樂寺站

江之電與神社共譜的寧靜風景

御靈神社

1.可拍攝繡球花與江之電同時入鏡的景點特別珍貴／2.御靈神社的白色鳥居外面就是江之電鐵道／3.在繡球花季期間更會有特別版本的御朱印／4.推薦入手的御朱印帳，封面印上了江之電圖案／5.神社外面的繡球花小路

　御靈神社位於江之電長谷站與極樂寺站之間的路軌旁，又稱「權五郎神社」，是鎌倉七福神之一，自源賴朝進駐鎌倉以來便已存在。這座古老的神社供奉的是平安時代的武士鎌倉景正，據說參拜此地可除災招福，並有助於治癒眼疾。御靈神社平日保持著寧靜莊嚴的氛圍，四周被綠意環繞；到了每年梅雨季節，尤其是繡球花盛開時，則會吸引大量遊客前來。神社外的道路上開滿一排繡球花，與呼嘯而過的江之電列車交織成鎌倉特有的風景，成為攝影愛好者和鐵道迷的熱點。

　需要注意的是，穿過御靈神社鳥居後，便進入禁止拍照和錄影的區域。雖然過去有很多鳥居與電車同框的照片在網路上流傳，但現在已不被允許這樣拍攝。由於神社的位置恰好位於極樂寺與長谷站之間，散步至極樂寺也是一個不錯的選擇。

　此外，神社的社務所裡住著一隻黑白色的貓，現在被認定為名譽宮司。這隻貓有時會出現在社務所的窗邊，如果你來求御朱印或是御守，或許能夠幸運遇到牠喔！

@gongoro_jinja｜神奈川縣鎌倉市坂ノ下4-9｜09:00〜16:30(社務所開放時間)

長谷站

古都鎌倉的象徵

鎌倉大佛 高德院

作為鎌倉的象徵，高德院鎌倉大佛已有超過750年的歷史，是鎌倉佛像中唯一被指定為日本國寶的。這尊金銅佛像是為了祈求武家政權的安穩及社會的平安而鑄造，重量約121噸，佛像連同底座的高度達13.35公尺。

大佛的姿態莊嚴而祥和，微微帶著笑容，與周圍的自然景觀和諧融合，原本安放在大佛殿內，然而隨著鎌倉幕府的滅亡以及颱風和海嘯的侵襲，大佛殿倒塌，從此大佛便開始安放於露天。大佛內部是可以付費參觀的，遊客可以看到多次修繕和重新鑄造的痕跡。

不論何時造訪，都能享受到不同的美景。春天時，櫻花與杜鵑盛開；秋天則有迷人的紅葉景色。寺內提供各式各樣的御守與御朱印，不過，寺方提供書寫御朱印需要時間，建議不要太晚前來。

東京近郊　鎌倉、江之島

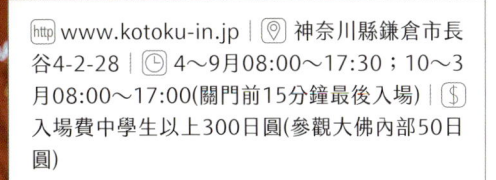

http www.kotoku-in.jp ｜ 神奈川縣鎌倉市長谷4-2-28 ｜ 4〜9月08:00〜17:30；10〜3月08:00〜17:00(關門前15分鐘最後入場) ｜ $ 入場費中學生以上300日圓(參觀大佛內部50日圓)

1,2.大佛微微前傾，象徵俯視眾生與對世人的關愛／3.高德院的仁王門／4.境內的紅葉跟黃葉

超人氣大佛甜點
KANNON COFFEE

FOOD

神奈川縣鎌倉市長谷3-10-29

在長谷一帶，有不少店鋪提供以大佛為主題的餐點和伴手禮，例如大佛造型的蛋糕、巧克力等。其中，「KANNON COFFEE kamakura」就推出有大佛餅乾的可麗餅。這些餅乾帶有淡淡的肉桂味，造型可愛，能夠以一種不失敬意的方式將神佛呈現出來，這種巧妙的創意大概只有日本人才做得到！

大佛餅乾配咖啡冰淇淋

51

極樂寺站

從地獄到極樂，四季皆美的鎌倉古寺

極樂寺

　　距離鎌倉4個車站，距離鬧區一段距離的極樂寺站，是個小小的無人車站，外頭一座顯眼的紅色郵筒，懷舊又可愛，有如明信片一般的外觀，使得極樂寺車站成為電影、電視劇等拍攝場地，由綾瀨遙、長澤雅美等主演的電影《海街日記》(海街diary)以鎌倉作為舞臺，極樂寺這一區便是四位主角的居住地。

　　從車站便可以看到同名極樂寺的寺院。寺院自1259年創立，被列為日本遺產，歷經多次天災及火災破壞，現存的寺院建築群是在近代建造。據說，以前這一代聚集著流浪的人，也是庶民的屍體被遺棄與埋葬的地方，宛如地獄，於是取了與相反意思的「極樂」為名，在這裡建寺也被認為有供養死者之意。

　　極樂寺山門的茅草屋頂是最大的特徵，山門內外種滿植物，光是看到被花草包圍的景象便令人感到療癒。6月上旬是繡球花季節，在極樂寺也能看到藍色與紅色的繡球花，繡球花與茅草山門看起來也十分相配。穿過山門至本堂的參道長約50公尺，在夏天

東京近郊 ■ 鎌倉、江之島

1.山門頂以茅草覆蓋／2.站內至今仍保留舊式站牌／3.極樂寺車站的外觀充滿昭和風情／4.春天時，是鎌倉地區相對少觀光客的櫻花景點／5.夏季期間，境內到處可見繡球花／6.春夏兩季截然不同的景色形成強烈對比／7.極樂寺前的導地藏也曾在《海街日記》出現

期間就如綠葉隧道一般，秋季可以賞彼岸花，春季期間則是櫻花盛開，景色之美令人無法想像這裡曾有如地獄。境內的寶物館安置著眾多重要文化財，為了方便管理及保存，只於氣候跟濕度比較穩定的春秋兩季，限定期間開放給大眾參觀，需要另外買票進場。

以往極樂寺是禁止拍照的，近年放寬了限制，只要不使用自拍棒及腳架，即可拍照。

📍 神奈川縣鎌倉市極樂寺3-6-7 ｜ 🕘 09:00～16:30

☕ Take a Break

一部電視劇讓江之電免於廢線危機？

現在受到日本國內外遊客喜愛的鎌倉地區，當中主要的交通工具江之電已開業超過120年，每天平均有4萬人搭乘，原來在1960年代曾因為家用汽車的盛行，乘客數量大幅下降，一度面臨廢線。不過，在1976年時出現了一部名為《我們的早晨》(俺たちの朝)的青春電視劇，以極樂寺一帶為中心，結果大受歡迎，遊客慕名前來，使江之電逃過廢線一劫。像這樣以影視作品帶動地域經濟的例子，在日本並不少見。

七里濱站
散步於浮世繪名作之下的絕美海濱
七里之濱

1.從七里之濱眺望富士山，不可思議的是，這片風景與浮世繪所畫的居然沒有什麼重大的變化。夏季的七里之濱有不少衝浪者，默默等待大浪到來的一刹／2.車站走出去不遠可以看到的行合橋，也是值得拍照的景點／3.黃昏時的七里之濱堪稱絕景

　　鎌倉不僅以其古都形象深入人心，湘南地區美麗的海濱也是吸引遊客的一大魅力。海水湛藍，晴朗的天氣下海面閃閃發亮。湘南不僅是夏日與青春的代名詞，也是從東京市區輕鬆可達的衝浪天堂。七里之濱擁有悠長的海岸線，並且被選為「日本百大海岸」，從這裡可以看到對面的江之島，東邊則是逗子與葉山，晴朗的日子中更有機會一覽富士山的壯麗景色。這裡的美景自古以來便受到世人喜愛，早在江戶時代，它就成為與鎌倉搭配的觀光路線，至今依然如此。

　　七里之濱的美，不僅在文藝作品與電影中屢見，也成為浮世繪畫家創作的靈感來源。例如，畫家歌川廣重便有多幅描繪七里之濱風景的名作。而葛飾北齋在其著名的《富嶽三十六景》中，也創作了《相州七里濱》，描繪了七里之濱與富士山的壯麗景色。

　　七里之濱的沙灘全長約3公里，是鎌倉一帶最人氣的衝浪聖地。每到夏天，這裡充滿了衝浪與划船的人群。海邊有不少海景咖啡廳

東京近郊 ▌鎌倉、江之島

與餐廳，提供漢堡、特調飲品等，讓人彷彿置身南國度假小島。即使不參與水上活動，這裡也非常適合悠閒散步、觀景與拍照。

從鎌倉乘坐江之電至七里之濱只需約14分鐘，車窗外即是無敵的海景。因為江之電的路線沿著七里之濱海岸而建，即使不下車，也能一邊欣賞美麗的海岸線。如果自駕遊，開車途中也能享受海景，特別是日落時分，景象壯麗。如果你有時間，建議將七里之濱作為旅程的最後一站，觀賞浪漫的夕陽。冬天的海風雖強，但空氣清澈，並且有更高機會見到富士山，這是我強烈推薦的景點。

需特別注意的是，因為海岸附近有鷹等猛禽棲息，不建議帶食物前往，以免發生危險。

七里濱站

FOOD 品嚐世界第一早餐，厚鬆餅的好滋味

bills

http www.billsjapan.com ｜ 神奈川縣鎌倉市七里ガ浜1-1-1(WEEKEND HOUSE ALLEY 2F) ｜ 週二～日07:00～21:00、週一07:00～17:00 ｜ $ 2,000～3,000日圓

七里之濱最有名的咖啡廳可說是源自澳洲的「bills」，也是引起日本厚鬆餅潮流的代表店家，又有「世界第一早餐」的稱號，海外第一號分店就落在鎌倉。富蛋香又軟綿的名物瑞可達鬆餅，選用新鮮的瑞可達起司製作，配上自家製奶油、楓糖漿及香蕉作配料，好滋味讓人難忘。店內也有多種選用天然素材的餐點，包括吐司、沙拉、義大利麵等。在露天座位可以一覽七里之濱的海景，雖然無法指定露天座位，為避免現場候位，建議先在官網預約。

55

SLAM DUNK

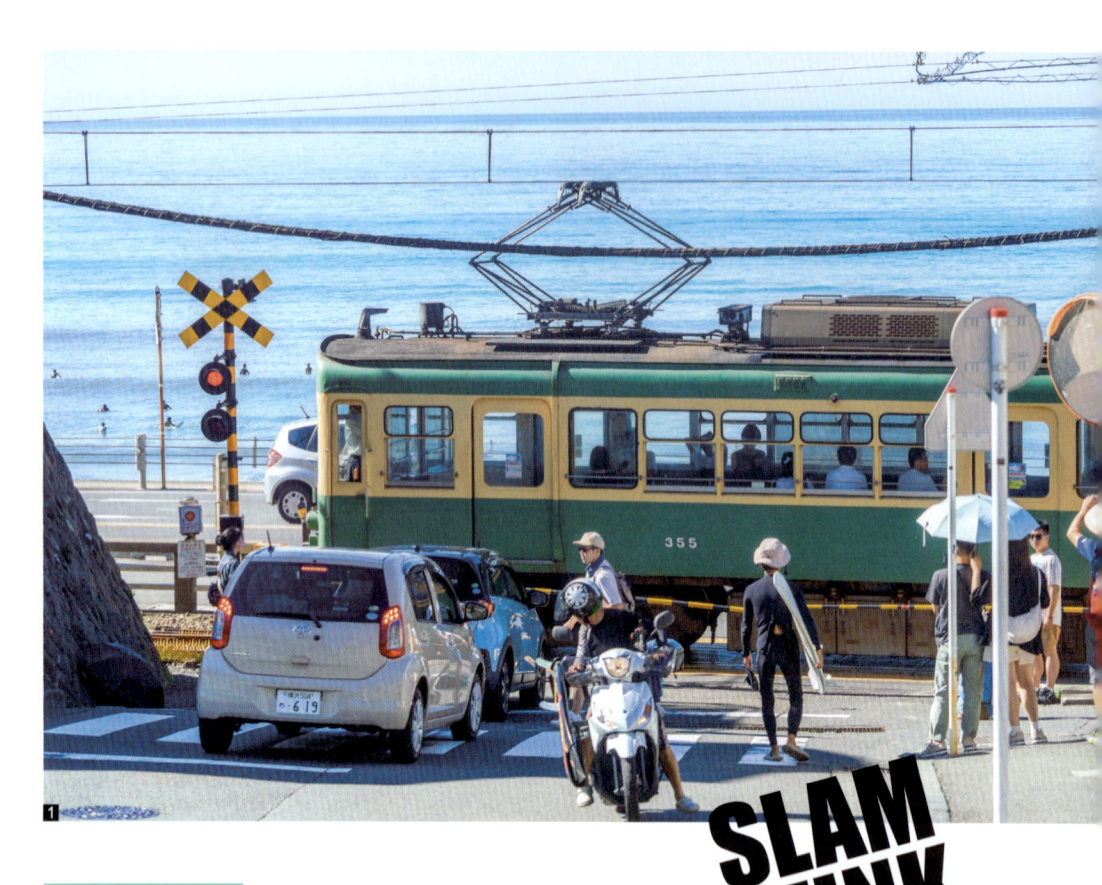

鎌倉高校前站

青春的代表風景、湘南最有名的平交道

鎌倉高校前

在江之電眾多車站中，最為海外遊客熟知的莫過於鎌倉高校前站。這個海邊車站能夠欣賞到相模灣的美麗海景，被選為「關東車站百選」之一。這是一個無人車站，車站的南邊便是七里之濱，天氣晴朗時還能遠眺伊豆大島。車站旁的日坂平交道常常出現於動畫和廣告拍攝中，最著名的莫過於90年代的動畫《灌籃高手》，櫻木花道與赤木晴子在平交道上對望的經典場景，讓這個小車站深深烙印在粉絲心中，吸引不少人前來朝聖。而鎌倉高校也是作品中仙道與魚住選手的母校。在平交道的斜坡上，你可以同時欣賞到海景、平交道及行駛的江之電列車，即使不是動畫迷，也會被這片湘南代表景色所吸引。

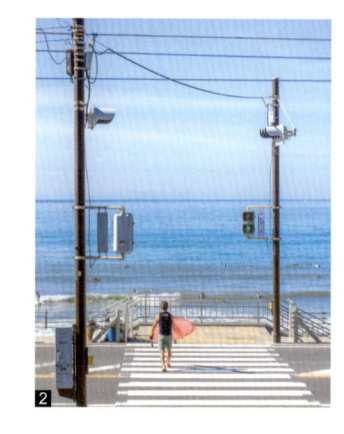

東京近郊 ■ 鎌倉、江之島

Tips 鎌倉高校前拍照須知

目前在鎌倉高校前平交道拍照的遊客非常多，由於該平交道是馬路的一部分，並且與主要幹道相連，特別是在白天，車流量大，拍照時容易發生危險。因此，請務必僅在行人道上拍照，並遵從現場工作人員的指示。此外，車站附近就是學校，請避免拍攝到學生的臉，也不要闖入私人領地，以免對當地居民造成困擾。

1.鎌倉高校前平交道，從平交道就可以看到海景／2.每到夏天這裡也有許多人前來海邊衝浪／3.鎌倉高校前是個無人車站，沒有站務人員駐守／4.從車站遠眺江之島

從車站出入口走到平交道約100公尺，由於江之電班次密集，每小時大約有10班車經過，拍照並不困難。不過，自從國境重開後，遊客人數大幅增加，甚至超過疫情前的數量。為了避開人潮，建議提早前來或避開假日。江之電列車從稻村崎站到鎌倉高校前站的路段，可欣賞海景，從車窗望出去視野開闊，幾乎沒有高樓建築遮擋，從鎌倉出發建議坐左側，可以輕鬆看到美麗的海景。由鎌倉高校前到江之島僅有兩站的距離，非常方便，無論是安排在江之島行程前後，還是散步至七里之濱，沿途都是平坦易行的道路。

Take a Break

江之電與海的祕密拍攝點？
這裡人少更好拍！

Google 地圖地標：
35°18'17.0"N 139°30'49.9"E

除了鎌倉高校前車站，在江之電沿海路段，其實還有好幾個像這樣的海邊平交道，在七里之濱車站附近就有另一個平交道。這一邊遊客少很多，想要輕鬆地拍出江之電與海景美照可以來這裡！

從另一個平交道拍出來的江之電海景

腰越

腰越屬於漁港地區，以捕獲新鮮海產聞名，在這裡可以吃到新鮮的吻仔魚丼以及各種海鮮。與觀光客眾多的鎌倉相比，腰越這一區充滿著在地氣息，也是江之電唯一在路面行駛的區間，復古的列車穿過腰越大街，形成獨特的風景。雖然跟人來人往的江之島只相隔一個站，但主要是住宅與商店，有懷舊的旅館，氛圍相當寧靜，也是拍攝江之電的絕佳位置，是鎌倉旅遊的隱藏版景點。

穿過腰越大街的江之電列車

當天捕獲！必吃現炸鮮魚
腰越漁協直賣所

📍 神奈川縣鎌倉市腰越2-9-1 | 🕐 13:00～17:00 | 休 週三、五

漁船通常在深夜出航，天亮之前將漁獲帶回漁港。漁協事務所內，下午會提供當天捕獲的鮮魚製作的炸魚，隨著捕獲的魚種和大小，價格會有所變動。漁協內設有小小的內用區域，提供現炸的炸魚，顧客下單後會現炸，請注意菜單和店員的對話主要是日文。現炸的炸魚外酥內嫩，魚肉鮮美，與冷藏或冷凍魚相比，口感無法比擬。店內提供簡單的醬汁、鹽、美乃滋等調味品，單純沾鹽就相當美味。不少當地人也會來這裡買外帶作為晚餐，通常一買便是一大盒，晚了可能會賣完，所以建議早些前來。

1.這天的炸魚有鰹魚、鮪魚、沙丁魚等／2.腰越漁港／3.這裡很少遊客知道，是當地人珍而重之的小店

58

東京近郊 ■ 鎌倉、江之島

隱藏版櫻花景點
龍口寺

沿著江之電路軌向龍口寺前進，會有餐廳、麵包店、超市等，可以感受到遊客區沒有的在地氣息，每隔10分鐘左右就會有江之電列車穿越大街，馬路上的車子同時讓路也是值得一看的風景。龍口寺是個寧靜的日蓮宗寺院，每到春天境內的櫻花盛開，雖然規模不算大，但相較於鎌倉市區的櫻花景點，這邊更能好好賞花。

龍口寺是不為人知的櫻花景點

@ryukoji_ ｜ 神奈川縣藤沢市片瀬3-13-37

招牌最中餅也是江之電！
扇屋

神奈川縣藤沢市片瀬海岸1-6-7 ｜ 09:00～17:00

在龍口寺附近，有一家別具特色的和菓子店「扇屋」，店內擁有一個真實的江之電列車車頭，這輛車頭是1990年退役的列車，經由江之電社長轉讓並放置於店內，成為製作和菓子的工作室。這個獨特的設置吸引了不少小孩及鐵道迷前來朝聖。「扇屋」創業已有約200年的歷史，最初位於龍口寺境內，後來移至現在的位置繼續經營。店內招牌商品是「江之電最中餅」，由薄脆的糯米粉餅皮包裹紅豆等餡料，包裝上印有江之電的路線圖、列車及車票圖案，充滿懷舊感。這款和菓子在其他地方無法買到，作為伴手禮極具特色。

1.扇屋的店面嵌入了退役江之電列車的車頭／2,3.實際在江之電使用的椅子、指示牌等裝飾／4.江之電最中餅每盒10個，沒有販售散裝

59

SHOP

人氣爆燈的小松鼠核桃餅

クルミッ子

http beniya-ajisai.co.jp ｜ 神奈川縣鎌倉市雪ノ下1-12-4 ｜ 09:30～17:00

在鎌倉買伴手禮時，一定會看到這一隻小松鼠，「クルミッ子」(Kurumicco)包裝上的松鼠就是它的標記很好認，也是鎌倉紅谷的招牌商品，是以奶油餅皮夾著核桃焦糖，餅皮的酥脆與內餡綿密柔軟的衝突口感，又香又有微苦的焦糖味，餘韻無窮，讓人一吃就上癮。我首先推薦常溫吃，之後可以稍為在冰箱冰一下，內裡焦糖會冰得稍硬，清涼口感又是另一種享受。因為製作工序繁瑣，每天能生產的數量有限，想要買到的話務必提早去店裡選購。

SHOP

種類多得選擇困難！豆菓子專門店

鎌倉まめや CIAL 鎌倉店

http www.mame-mame.com ｜ 神奈川縣鎌倉市小町1-1-1 ｜ 09:00～20:00

在鎌倉一帶有多間分店的「鎌倉まめや」，自1954年創業，是一家老字號店鋪，專賣傳統的日本豆類零食。這些豆類零食色彩繽紛，讓人看了心情愉悅，且幾乎每月都有新口味登場。店鋪最初創立於神奈川縣二宮町的花生產地，後來在鎌倉的小町通開設分店，因而人氣飆升，現在已成為鎌倉地區最受歡迎的伴手禮之一。

店內銷售的豆類零食種類繁多，包含花生、大豆、豌豆以及各種堅果，口味有芥末、咖哩、胡椒等超過60種，無論是喜愛甜味還是鹹味的顧客，都能找到自己喜歡的選擇。每月也會有當季特色的豆零食，偶爾還可以試吃。因為有小包裝及禮盒裝，且價格合理，無論是自用還是送禮都非常適合。許多款式非常涮嘴，一吃便停不下來。我特別推薦購買一袋大份的綜合豆，回家慢慢享用！

鎌倉車站的分店營業至晚上，且不如小町通那邊擁擠，非常適合在離開鎌倉前，悠閒挑選伴手禮。

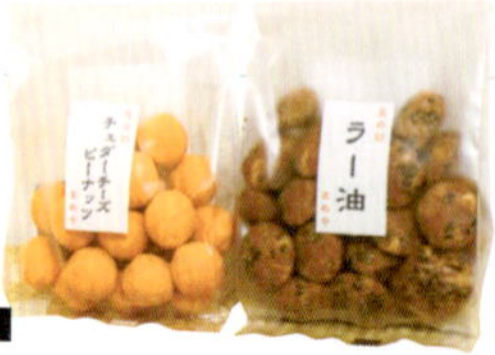

1.起司與辣油口味的香脆花生／2,3.多種綜合口味的花生及堅果

東京近郊　■鎌倉、江之島

代表鎌倉的定番伴手禮
豐島屋 本店

http www.hato.co.jp ｜ 神奈川縣鎌倉市小町2-11-19 ｜ 09:00～19:00

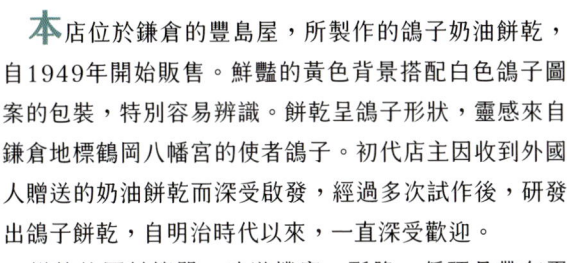

　本店位於鎌倉的豐島屋，所製作的鴿子奶油餅乾，自1949年開始販售。鮮豔的黃色背景搭配白色鴿子圖案的包裝，特別容易辨識。餅乾呈鴿子形狀，靈感來自鎌倉地標鶴岡八幡宮的使者鴿子。初代店主因收到外國人贈送的奶油餅乾而深受啟發，經過多次試作後，研發出鴿子餅乾，自明治時代以來，一直深受歡迎。

　餅乾的原料簡單，味道樸實、酥脆，偏硬且帶有蛋香。由於味道較甜，適合搭配咖啡或茶，來到鎌倉的遊客幾乎都會人手一袋帶回去。因為賞味期限約為一個月，且有多種禮盒包裝，無論是送人或是放在辦公室分給同事，都非常合適。在鎌倉的多個地方都有店鋪，伴手禮商店也能輕鬆購得。

黃色包裝鮮豔又有記憶點，每片獨立包裝很好分送

世界冠軍巧克力師經營的當地名店
CALVA

http calva.jp ｜ 神奈川縣鎌倉市山ノ内407 ｜ 10:00～16:30、週末10:00～17:00 ｜ 休 週二、三

　CALVA是在北鎌倉的巧克力及法式點心店，融合法式製法與日本文化推出了不同的商品，由麵包師及曾獲得世界冠軍巧克力師的兄弟主理。店內陳列多種精緻的巧克力，也有禮盒等很適合當伴手禮，不同時期也會有限定的甜點如蛋糕、巧克力銅鑼燒等，又以厚實的巧克力蛋糕聞名，濃厚美味獲得一票死忠粉絲。店鋪位置鄰近明月院，可以安排一同前往。

　在店內也有咖啡廳可現場品嘗巧克力甜點及冰淇淋等，巧克力迷絕對不能錯過。

1.巧克力銅鑼燒香濃又口感豐富，特製的巧克力蛋糕也非常受歡迎／2.店鋪外觀／3.店內陳列著各種巧克力

東京近郊
Kamakura
鎌倉
江之島

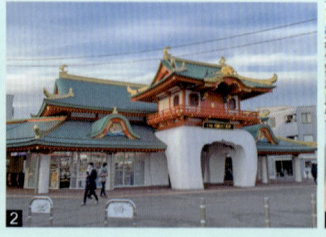

1.江之電江之島車站／2.小田急片瀨江之島車站的外觀，參照江島神社如龍宮城的設計／3.湘南單軌列車／4.江島神社／5.從江之島弁天橋上看到的夕陽風景／6.江之島在冬季期間有點燈活動

前往江之島，可以從各個江之島車站下車，步行走過江之島弁大橋或是坐公車到達島上，車站附近也有許多商店跟餐廳。步行至島上大概只需10～15分鐘，島上的地形高低差明顯，除了乘坐江之島手扶梯外，也可以當健行散步般慢慢遊覽。島上只有約0.38平方公里，參觀神社、展望臺、享用當地小吃等，視行程預留半天至一天就很足夠。

Take a Break

江之島車站的換裝麻雀

在江之島車站剪票口外的欄杆上，裝飾著8隻可愛的麻雀。最特別的是，每隻麻雀都有穿上特製的衣服，而這些衣服會定期更換，讓每次來的人都能看到不同的麻雀造型，讓人不禁覺得溫暖且有趣。這些麻雀的衣服最初由旁邊商店的一位工作人員製作，雖然這位工作人員已經退休，目前有義工持續為麻雀製作衣服，並協助維護這片車站可愛的小風景，吸引了不少遊客停下腳步拍照留念。

東京近郊 ■ 鎌倉、江之島

江之島周邊地圖

- 湘南江之島（湘南單軌江之島線）
- 江之島（江之電）
- 龍口寺
- 新江之島水族館
- 片瀨江之島（小田急江之島線）
- 藤澤市觀光協會
- 江之島弁天橋
- 青銅鳥居
- 弁財天仲見世通
- 邊津宮
- 江之島手扶梯入口
- 奧津宮
- 植物園
- 中津宮
- 稚兒之淵
- 江之島岩屋
- 江之島 SEA CANDLE 展望燈塔

63

像在坐雲霄飛車？日本唯二的懸空單軌列車
湘南單軌列車

1.湘南單軌是懸空行駛的單軌列車／2.在車廂最前面可看到駕駛的情況／3.湘南單軌大船站／4.湘南江之島車站的展望空間／5.隱藏版富士山打卡點

　除了江之電和小田急線可以直達江之島，另一個非常有特色的交通工具就是湘南單軌。從JR大船站轉乘，整個路程僅有8個車站，約14分鐘就能到達湘南江之島站。這條單軌列車的車輛懸掛於軌道下方，車體位於上方，看起來列車彷彿漂浮在空中，雖然速度不如雲霄飛車，但乘車過程中仍會讓人心跳加速，特別是對鐵道迷和小孩來說，更是一次令人興奮的體驗。湘南單軌與位於千葉縣的千葉都市單軌列車，是全日本僅存的懸掛式單軌列車，非常珍貴。如果行程允許，強烈建議大家來親身體驗這段獨特的旅程。

不能錯過的富士山展望空間

　在湘南江之島站的五樓搭乘樓層，有一個戶外的展望空間，可以俯瞰周圍的街景，十分開放且清新。在天氣晴朗的日子，這裡還能欣賞到富士山的壯麗景色。這個展望空間距離剪票口僅有數十步，但不少遊客因為趕時間而常常忽略了這個地方。雖然規模不大，但如果你乘坐湘南單軌列車，回程時不妨來這裡走一走，或許還能捕捉到美麗的黃昏景色。

東京近郊 ■ 鎌倉、江之島

居高臨下，360度俯瞰湘南
江之島 SEA CANDLE 展望燈塔

在江之島山頂的花園「江之島Samuel Cocking苑」，原本是英國商人在明治時代建造的西洋風庭園，當中的SEA CANDLE展望燈塔，高達59.8公尺，可以透過玻璃窗戶跟戶外的展望空間，俯瞰湘南以至富士山的日夜美景。在鎌倉江之島這一帶，可以在高處賞景的地方並不多，附近也沒有許多高的建築物，讓SEA CANDLE的存在更為珍貴，也是受歡迎的日落景點。除了坐江之島手扶梯可以輕鬆到達外，在手扶梯購票處也能買到與SEA CANDLE的入場套票，價格更加優惠。

SEA CANDLE設有鄉土資料室、室內咖啡廳跟戶外的休憩空間，也會在冬季舉行「湘南之寶石」晚間點燈，晚上氣氛更是截然不同。

1.「湘南之寶石」彩燈節是江之島少有的晚間點燈活動／2.室內跟戶外的展望空間／3.戶外的休憩空間十分舒適／4.展望燈塔可俯瞰江之島及湘南湛藍的大海

enoshima-seacandle.com｜神奈川縣藤沢市江の島2-3-28｜09:00～20:00(最後入場19:30，隨時期不同)｜成人500日圓

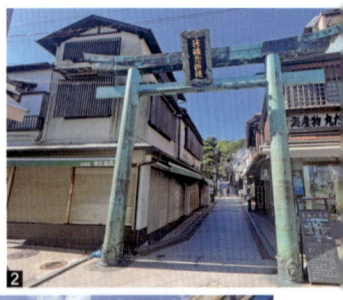

江之島最熱鬧的一條街
弁財天仲見世通

1.弁財天仲見世商店街／2.現存的青銅鳥居在1821年建成，超過200年歷史／3.有很多餐廳跟商店／4,5.各種充滿江之島特色的伴手禮

　　江之島位於神奈川縣藤澤市的海岸附近，是以江之島大橋與陸地相連的小島，現已成為受歡迎的觀光勝地。自古以來，江之島便是日本人心中的神聖之地。源賴朝於1182年命人將弁財天的分靈勸請至江之島，讓武家與庶民共同信仰，江之島與滋賀縣的竹生島、廣島縣的宮島並列為日本三大弁財天。

　　作為江之島的入口，至江島神社的參道以青銅鳥居為標誌，這是島上最熱鬧的街道，有如江之島的中心。商店街呈斜坡狀，兩旁是商店、餐廳、咖啡廳等，遊客可品嘗到當地各式小吃，包括吻仔魚製品、串燒海鮮等，也能購得各種伴手禮、零食、手工藝品及文創商品，還有旅館等設施。每逢週末假日，這裡總是吸引眾多遊客，是年輕情侶常來約會的聖地。

　　自江戶時代中期，信仰弁財天在庶民中普及，許多來自江戶(今東京)等地的朝聖者也前來參拜，當時出版了不少「案內書」(旅行指南)，為參拜者提供指引與實用資訊，作用與現代的旅遊書類似。從古至今，江之島一直是旅人喜愛的目的地。

www.fujisawa-kanko.jp/spot/enoshima/01.html｜神奈川縣藤沢市江の島1-4-13

東京近郊　■鎌倉、江之島

人手一塊的人氣章魚仙貝
あさひ本店

人手一塊的人氣章魚仙貝

http: murasaki-imo.com
神奈川縣藤澤市江の島1-4-8
09:00～18:00　休 週四

來到江之島必嘗的是「あさひ本店」巨型章魚仙貝，用上2～3隻章魚現烤並壓成薄薄的仙貝，多次被電視台及雜誌採訪。新鮮製成的仙貝脆口又帶有醬油風味，尺寸比成人的臉還要大，幾乎來到江之島的人都會去買一塊分享，章魚以外也有龍蝦及吻仔魚等版本。購入時需要排隊以自動售票機購買章魚仙貝券，也可以看到仙貝的製作過程。必須留意的是，仙貝因為很大一塊，被風吹的時候有可能碎裂，一定要用雙手好好拿著！

超級巨型的章魚仙貝

Take a Break

隱身巷弄中的避世小海岸——西浦漁港

Google 地圖地標：35°18'05.8"N 139°28'47.4"E

在熙來攘往的仲見世商店街，穿過旅館「岩本樓」旁邊的窄長小巷，便能到達一個隱密的小海岸。由於附近有堤防，這裡原本是釣魚人士的垂釣勝地，後來慢慢被遊客發現，成為一個觀賞海景和日落的好地方，有時甚至可以遠眺富士山。由於這裡不屬於主要的觀光景點，而且附近大多是居民區，到訪時務必保持安靜和清潔。

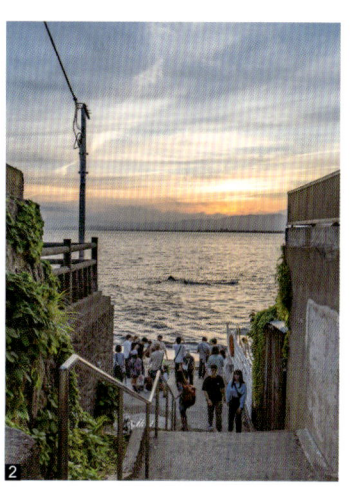

1.在江之島大橋天氣好的時候可以看到富士山／2.西浦海岸得穿過窄巷跟小路才能到達，是個小小的隱藏版海岸，可以來欣賞日落

日本三大弁財天、探索神話之地
江島神社

1.江島神社最高處的奧津宮／2.最初到達的邊津宮／3.在白龍錢洗池，可以在這裡清洗五日圓硬幣與龍神結緣／4.中津宮的雕刻十分細緻／5.印有富士山及江之島圖案的御朱印帳，不定期會推出新版本，值得收藏

　　江島神社所供奉是江島弁財天，被認為是水神，可招來幸福、財富，掌管智慧、學問與藝術，也是日本七福神之一。相傳在西元552年，天女創造了江之島，欽明天皇奉命在島上的洞窟，也就是現在的岩屋中供奉神靈，到了鎌倉時代，源賴朝在岩屋之中祈求戰勝，奉弁財天為戰神，後來相對和平的江戶時代來臨，慢慢地江島神社作為藝能、音樂之神被信仰。

　　江島神社的御祭神是三姊妹女神，社殿也有三個，包括邊津宮、中津宮及奧津宮，可以一次到訪三個宮巡拜。除了奧津宮需要走部分樓梯路段外，到達邊津宮跟中津宮可以付費坐手扶電梯輕鬆到達。相傳江之島有龍所居住，也保留了龍神的信仰，穿過鳥居後看到的瑞心門，設計有如龍宮城的入口，處處充滿神話風情。第一個到達的社殿是邊津宮，是代表水跟航海的女神，作為遊客，就來參拜保佑旅行安全吧！而朱紅色的中津宮，被認為是求戀愛運的女生們的聖地。在神社裡面也有多種款式的御守、神籤可以求，也有特別的御朱印帳可以入手。

enoshimajinja.or.jp　｜　神奈川縣藤澤市江の島2-3-8

東京近郊 ■ 鎌倉、江之島

How to 搭乘江之島付費手扶梯

江之島手扶梯是江之島上的一項特色設施，參拜江島神社或前往 SEA CANDLE 展望燈塔等景點時，因為這些景點位處高處，除了可以步行爬樓梯，還可以選擇付費搭乘手扶梯。這座手扶梯分為四段，搭乘手扶梯僅需約 5 分鐘即可抵達山頂，相較於步行上山約需 20～30 分鐘，省時又省力。

乘坐江之島電梯時會有投影動畫欣賞

手扶梯各段景點
- **第一段**：從入口處出發，抵達江島神社的邊津宮。
- **第二段**：從邊津宮前往中津宮。是江島神社中最具代表性的打卡點之一。
- **第三段**：從中津宮前往奧津宮，途中可順道參觀江之島 SEA CANDLE 展望燈塔和江之島 Samuel Cocking 苑。
- **第四段**：從奧津宮前往江之島最高點。

購票與套票資訊
- **購買地點**：入口處購買
- **票價**：成人 360 日圓、兒童 180 日圓 (有包含手扶梯、江之島 SEA CANDLE 展望燈塔和江之島山繆克金花園的「展望燈台套票」，成人票價為 700 日圓、兒童票價為 350 日圓)
- **注意事項**：1. 手扶梯僅供上行，下山需步行。2. 手扶梯各段之間設有出口，遊客可根據自身需求選擇搭乘段數。

Take a Break

轉角遇上貓！離東京最近的貓島

隨著接近奧津宮及山頂，視野逐漸開闊，海景也愈來愈迷人。江島神社與江之島幾乎融為一體，在享受海風拂面之際，心靈也彷彿得到了淨化。江之島上最少有 200 隻貓自由自在地生活，牠們常會突然出現在路邊，或是蹲坐在休息的遊客大腿上。值得注意的是，這裡的貓通常不怕人，雖然可以拍照，但禁止餵食。根據我的經驗，SEA CANDLE 入口外及園內一帶是最常見貓咪出沒的地方。島上的貓咪受到島民的照顧，愛貓人士也可以四處散步，尋找這些可愛的喵星人足跡。

1.陽光灑落在稚兒之淵的岩層上閃閃發亮／2.從稚兒之淵看到的冠雪富士山／3.退潮跟漲潮時的景色截然不同／4.風勢不強的時候也能拍出如倒影的照片

海景名所的寂靜哀愁
稚兒之淵

　走過奧津宮附近起伏陡峭的樓梯，眼前的景色逐漸開闊。位於江之島西南端的稚兒之淵，因1923年關東大地震的地殼變動，岩層隆起約1公尺，經過海浪長年沖刷，岩層形成多層次的景觀，被列為神奈川縣景勝50選之一。遊客可走上岩石，欣賞壯麗的波濤，感受海風的輕拂，也吸引不少釣魚人士前來垂釣。

　日落時分，這裡的景色尤為迷人，因為附近沒有建築物遮擋夕陽，讓人有如置身海天合一的美景。建議事先查好日落時間再前來。由於是天然形成的岩層，這裡沒有圍欄或扶手，參觀時須注意大浪及小心滑倒。

　稚兒之淵的名字雖美，卻源自一個悲劇故事。相傳在鎌倉時代，有位名為自休的僧侶，對年輕見習僧白菊產生愛慕之情。「稚兒」在日本古代是指寺廟中的年輕男孩。自休多次寫信表達思念，但白菊未曾回應，最終自休與白菊一同投海殉情，這片海因此被稱為稚兒之淵。據說，直到大正初期時，這裡仍保留著白菊的紀念碑。

www.fujisawa-kanko.jp/spot/enoshima/16.html ／ 神奈川縣藤沢市江の島2-5-82

東京近郊　鎌倉、江之島

1.江之島岩屋看出去的風景／2.前往江之島岩屋的岩屋橋／3.拿著蠟燭臺前往洞穴探險／4.洞穴最深處的石造社殿，這裡據說就是江島神社的起源

江之島最盡頭！神祕的洞窟探險
江之島岩屋

在稚兒之淵旁的橋上，可以前往江之島岩屋。岩屋是由海浪在岩壁上自然沖刷形成的洞穴，曾是弁財天的信仰聖地，並在江戶時代，參拜岩屋一度成為熱潮。分為第一岩屋與第二岩屋。第一岩屋深約152公尺，入口處展示著歷史資料與浮世繪等，隨著深入洞穴，環境愈加昏暗。工作人員會提供手持的蠟燭臺，讓遊客拿著蠟燭探索洞穴，營造出神祕且緊張的氛圍，特別推薦帶小孩來體驗。有說法指出，第一岩屋的最深處竟與富士山的鳴澤冰穴相連，這裡感受到的冷風，或許正是從富士山那邊吹來，這一點非常有趣。

enoshimaiwaya｜神奈川縣藤澤市江の島2｜09:00～17:00(可能隨季節有變)｜中學生以上500日圓

How to 前往岩屋的捷徑

在江之島弁天橋有渡輪「弁天丸遊覽船」可直接坐到稚兒之淵，船程只需約6分鐘，步行的話則需時40分鐘，途上也能享受風景，從稚兒之淵下船走到岩屋更加方便。我也推薦去程坐手扶梯，回程搭乘弁天丸，會有不一樣的感受，注意在天氣不佳時可能會停駛。

湘南代表的水族館、療癒的約會聖地
新江之島水族館

　　新江之島水族館不僅展示各式海洋生物，還兼具教育與娛樂功能，每年吸引大量遊客光臨，也是當地人熱門的約會場所。最吸引人注意的是以當地海灣「相模灣與太平洋」為主題的展示。館內的相模灣大水槽飼養著約2萬隻生物，並展示約8,000尾沙丁魚一同暢泳，形成令人驚艷的「沙丁魚風暴」。此外，潛水員每天會定時在大水槽舉行潛水秀。

　　館內常設展覽約30種水母，並介紹水母的生長過程。水母隨著水流緩緩飄浮，搭配柔和的燈光，營造出優雅且療癒的氛圍。由於湘南地區特產為吻仔魚，館內也設有專門介紹吻仔魚的一角，此外，還飼養著鰩魚、鯊魚、海龜、水獺、水豚等。若是攜帶小孩，館內提供各種互動體驗，包括與海豚、海獅的近距離接觸，或是餵食水豚、餵魚等活動。

東京近郊 ■鎌倉、江之島

相模灣屬於日本三大深灣之一，這裡擁有約4成的日本魚種，館內專區介紹了深海魚及深海生物。深海魚的生態與常見魚類迥異，這樣的展示在日本並不常見，十分獨特。新江之島水族館的位置並不在江之島上，而是靠近各大車站，是此區較為罕見的室內景點，若遇到天氣不佳，這裡也可成為理想的避雨場所。

館內每天都有海豚秀和企鵝表演，且不需要額外付費，但由於場地常常坐滿觀眾，建議早些到達占位。不過，由於海豚會在大水池中跳躍，坐得太近水池的話可能會被水花濺到。館內範圍廣大，參觀完全館大約需要1.5～2小時。館內設有餐廳、咖啡廳及休憩區，提供麵包、小吃和飲料，是放鬆休憩的好場所。無論是漫遊館內還是享受悠閒的時光，都能充實一個愉快的下午。假日人潮較多，建議提前在官網購票，避免現場排隊浪費時間。

1.壯觀又優美的相模灣大水槽／2.以海獅為概念的胡麻冰淇淋／3.海豚表演時會濺起水花，小心不要坐得太前面／4,5.館內展示種類豐富的魚類及海洋生物／6.水族館內飼育著多隻充滿活力的企鵝／7,8.展示著約30種不同品種的水母／9.紀念品商店售賣多種原創商品

http www.enosui.com ｜ 神奈川縣藤沢市片瀬海岸2-19-1／3～11月09:00～17:00；12～2月10:00～17:00(全年無休，詳見官網)／$ 成人2,800日圓

73

魚見亭

邊看海景邊品嘗吻仔魚丼飯

http enoshima-uomitei.com｜神奈川縣藤沢市江の島2-5-7｜10:00～日落後30分鐘(可能隨季節有變)

來到江之島，不要錯過湘南名物的吻仔魚丼飯！島上許多餐廳跟食堂都有提供吻仔魚丼飯，吻仔魚特別講究新鮮度，不少店家使用的是當天早上現捕的吻仔魚，不敢吃生吻仔魚的話也可以選擇吃熟的，魚肉的口感輕盈又柔軟，簡單配以生姜、醬油就很美味。

在稚兒之淵附近的「魚見亭」是創業超過150年的老鋪，有室內及戶外座位，在戶外座位可以飽覽相模灣海景，一邊吃海鮮丼一邊看海景，不吃生冷食物的話，店內也有提供燒魚、拉麵等熟食。戶外座位有限，想坐的話便要預留時間去拿候位券，一早去參拜江島神社及江之島岩屋，再來吃吻仔魚丼當早餐也是不錯的行程喔！

1.坐戶外位置的話可以感受到悠悠海風／2.店內多個位置都能欣賞海景／3.吻仔魚丼配上螃蟹味噌湯

文佐食堂

像日劇電影一樣的家常食堂

神奈川縣藤沢市江の島1-6-22｜11:00～18:00(不定休)

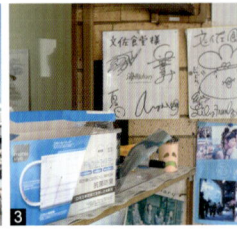

離開滿滿遊客的弁財天仲見世商店街，朝著遊艇港方向前進，可找到自1964年開業，從外觀看充滿昭和舊氣息、備受當地居民喜愛的「文佐食堂」。這裡提供富有江之島風情的生魚片、海鮮、燒肉定食及咖哩飯等料理。文佐食堂在電影《海街日記》中作為「海貓食堂」登場，店內貼有演員簽名，吸引不少影迷朝聖。位子不多，是一家溫馨的小店。

1.吻仔魚丼簡單配以紫蘇葉、生姜，魚肉滲著淡淡的香氣／2.文佐食堂的外觀簡樸，備受在地人喜愛／3.《海街日記》中四姊妹曾在這裡拍攝，並留下親筆簽名

74

東京近郊　■鎌倉、江之島

江之電可愛商品大集合
ENODEN Goods Shop

神奈川縣藤沢市片瀨海岸1-6-7 ｜ 10:00～18:00(全年無休)

在江之電的江之島車站外，有一家小巧的商店，販售各式各樣的江之電主題商品。店內有以江之電包裝的零食伴手禮、列車玩具模型、杯子等各式商品，種類繁多，無論是小孩子還是鐵道迷都會喜歡。

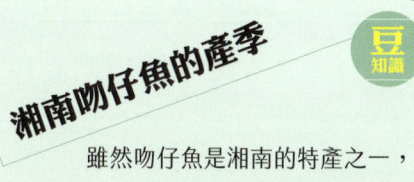

豆知識：湘南吻仔魚的產季

雖然吻仔魚是湘南的特產之一，但每年約在1～3月中旬是吻仔魚的禁漁期，這段時間無法吃到生吻仔魚，據說每年4～5月的撈捕解禁期初期最為美味。

1.豐富的扭蛋選項，居然全部都是江之電／2.糖果、文具、記事本等紀念品應有盡有／3.商店就位在江之島車站外

Tips　江之島旅遊注意事項

江之島除了仲見世之外，基本上整個島充滿了斜坡及階梯，如果不使用江之島付費的手扶電梯，則建議穿著舒適好走的鞋子，也因為陽光猛烈及海邊風大，服裝上可搭配太陽眼鏡或帽子。由於江之島也是日本人的熱門旅遊地，一年四季都很多人，但夏季假日人潮較多，避開週末或是早點出發就能玩得更輕鬆。

另外，每年1月初也是日本的新年，日本各地的神社也會擠滿前來新年參拜的人潮，屆時江之島將會非常擁擠，但如果想體驗日本新年的獨有氣氛，此時前來就最好不過了！

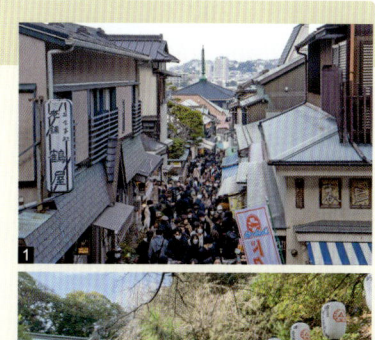

1.1月初的江之島特別熱鬧／2.江島神社的參拜人潮

輕井澤位於長野縣，是全日本知名的避暑度假勝地，有著和洋融合風格的建築、四季分明的自然風景、大型購物 Outlet、教會及美術館及溫泉等多彩魅力。在舊輕井澤有眾多商店及餐廳，南輕井澤就有高爾夫球場、植物園及運動設施等，中輕井澤則包括星野地區等溫泉及高級度假村等，從首都圈出發十分方便，乘坐新幹線前來大概只需要一小時左右，不少人來到東京也會安排來此一日遊或是住一兩晚，享受日本充滿異國風情的另一面。

輕井澤

KARUIZAWA

輕井澤地圖

東京近郊 ■輕井澤

前往輕井澤的交通方式
Let's Go

從東京市區出發至輕井澤，最便捷的方式是搭乘新幹線，最快約1小時即可到達。由於前往輕井澤的交通主要是電車，因此不必擔心交通擁堵問題。如果計畫連續遊覽幾個東京近郊地區，建議購買交通Pass以節省交通費用。若預算較緊張，也可以選擇搭乘高速巴士，雖然時間較長，但同樣不需要轉車，是另一個方便的選擇。可根據從東京出發的地點及住宿位置，選擇適合的電車或巴士。

東京 Tokyo ←→ 輕井澤 Karuizawa

乘坐電車及新幹線

從東京站或熱門住宿點如上野出發，搭乘新幹線是最推薦且最快的交通方式，週末及假日每小時約有2～4班，並且無需換車，新手乘客也不必擔心操作。從東京站出發的車費大約為6,020日圓。如果是從新宿出發，也可以選擇乘坐中央線到東京，或者搭乘至大宮，再換乘北陸新幹線，費用和所需時間與從東京出發相差不大。

新幹線列車非常多，上車前須確認資訊，車站月臺裡面有清楚的指示牌引導

從東京主要車站出發

北陸新幹線		電車＋北陸新幹線	高速巴士
東京站出發約1小時30分鐘	上野站出發約1小時	新宿站乘JR湘南新宿線至大宮站，轉乘北陸新幹線，共約1小時40分鐘	新宿、池袋、澀谷出發約3小時

製表：米克

北陸新幹線並非每種車型都會停靠輕井澤。はくたか(Hakutaka)停靠站較少，行駛時間較短，但自由席數量較少；あさま(Asama)則停靠的站較多，時間較長，但自由席較為充足。車票可以在自動售票機或JR旅行服務中心的有人窗口購買。週末或假日時，建議提前購票，以免熱門班次售罄，影響行程安排。

　　除了大眾交通，也可考慮租車自駕從東京出發，讓行程安排更彈性，也能到達更多沒有大眾交通可以前往的深度景點，從東京開車到輕井澤的時間大概需要2小時20分，唯假日及夏季期間常出現塞車情況。

1.北陸新幹線列車／2.輕井澤車站

乘坐高速巴士

　　想要快，就推薦新幹線，但想要省錢，就一定是坐高速巴士，因為車費比新幹線便宜一半，但所需時間是2～3倍，便宜的話可以到單程2,000日圓。從新宿、澀谷或池袋出發，也有不用轉車就直達輕井澤的巴士，又以池袋出發的班次比較多，如果是省錢加上早出門的人會比較推薦。乘坐巴士的話建議是先在網路預約確保有位，座位、出發地點、下車地點等都可以事前指定。

高速巴士一般在輕井澤站北口停靠

Tips 新幹線指定席與自由席有什麼差異？

　　指定席是指劃位車票，乘坐長距離列車時可以確保有位子可坐，推薦遊客出發時先購買指定席票。自由席則是指沒有劃位的位子，車上只要有空位就可以坐，通常每輛新幹線列車會有一至三個車廂是劃為自由席車廂，排隊就有機會坐到不用劃位的位子，但人多出遊或是日本連假時，可能會有沒有空位或是同行人沒法一起坐的情況。留意有部分車型或路線，全車都只有指定席，因為價錢相差不遠，建議購入指定席座位會更安心，如果是使用JR Pass的話，指定席費用也已經包含在內，務必好好活用。

東京近郊 ◢ 輕井澤

How to 購買去輕井澤的交通 Pass

東京廣域周遊券

去輕井澤購買東京廣域周遊券是非常實惠的選擇，對於計畫在東京周邊多個地點旅行的人來說，特別值得購買。以新幹線為例，從東京車站到輕井澤的車費約為 6,000 日圓，來回已經接近回本。如果你還計畫前往河口湖等其他近郊地區，東京廣域周遊券就會更加划算。詳情請見 P.17。

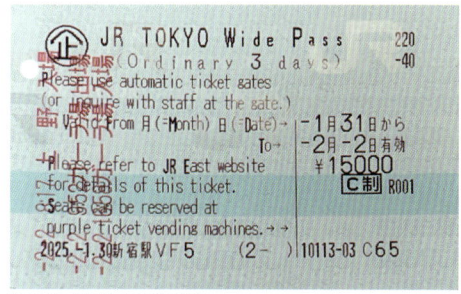

東京廣域周遊券實體票券

JR EAST Pass

JR 東日本也推出了 JR EAST Pass（長野、新潟地區），這張周遊券涵蓋的區間非常廣泛，包括輕井澤、日光、橫濱等地，甚至可以延伸至長野、新潟、那須鹽原等遠距離的地點。如果你計畫一次性前往多個東京近郊的地區，這張周遊券也是值得參考的選擇。

- ■ **適用範圍**：涵蓋輕井澤、日光、橫濱、長野、新潟、那須鹽原等地
- ■ **有效期限**：5 天內無限次搭乘
- ■ **適用交通**：JR 東日本線、東京單軌電車線全線、伊豆急行線全線、北越急行線全線、越後 TOKImeki 鐵道直江津～新井區間，以及部分 JR 巴士路線（高速巴士、部分公車路線除外）
- ■ **價格**：27,000 日圓

輕井澤的移動方式 Let's Go

租車自駕

輕井澤位於高原地帶，除中心站附近較為平坦的路段外，許多景點開車前往會更加便利，特別是在天氣較冷的時期，徒步或騎腳踏車較為費力。部分遊客會選擇從東京租車前往輕井澤，順道遊覽草津溫泉或周邊地區，也可依行程安排在輕井澤當地租車。

需注意冬季時，輕井澤的路面可能積雪或結

冰，租車時務必選擇配備冬季雪胎的車輛，若缺乏雪地駕駛經驗，更要注意行車安全。

租車公司

租腳踏車

輕井澤位於海拔約 900～1,000 公尺的高原地帶，氣候宜人，且中心路段較為平坦，騎腳踏車遊覽主要景點既方便又不會太累，還能省去等公車的時間，讓一日遊行程更為自在。

除了個人體力考量外，最適合騎腳踏車遊輕井澤的時期為 4～5 月。冬季期間，輕井澤的地面可能結冰，有時直到 3 月中仍有積雪，天氣寒冷且風大，因此不太建議此時騎行。若冬季需要騎車，務必注意保暖，並攜帶帽子與手套。此外，7～8 月暑假期間遊客較多，騎行時需特別注意防曬。

輕井澤站周邊有許多腳踏車租借店，提供普通腳踏車、電動腳踏車及更高級的車款。租借電動腳踏車能讓行程更加輕鬆。平日現場租借通常沒有問題，但在旺季或假日時，若能事先預約更為安心。部分店家支援網路預約，部分則僅接受電話預約。許多租車店也會提供輕井澤的腳踏車路線地圖，搭配手機導航，前往主要景點相當方便。

一般租腳踏車的費用依照時數、半日或全天計算，並根據車型有所不同。在輕井澤站附近，約 1,300 日圓即可租借電動腳踏車一整天，十分划算。若是首次造訪輕井澤，推薦上午租腳踏車遊覽雲場池、舊輕井澤銀座通等地，下午歸還後再步行至 Outlet 悠閒逛街。

輕井澤站騎腳踏車至各景點所需時間

景點	騎乘時間
雲場池	10～15 分鐘
舊輕井澤銀座通	10 分鐘
榆樹街小鎮	25 分鐘

Tips 租借腳踏車注意事項

- 若攜帶大件行李，可先寄放於店家或車站置物櫃，隨身僅攜帶貴重物品與必要用品，保持輕裝上陣。
- 務必在約定時間內歸還，特別注意店鋪關門時間，以免逾時產生額外費用。
- 只可停放於指定區域或腳踏車專用停車場（駐輪場），切勿隨意停放在路上，並務必鎖好車輛以防失竊。
- 騎行時請注意來車與路面狀況，避免發生碰撞事故。
- 事先規畫騎行路線可讓行程更順利，避免體力不必要的消耗。

1.輕井澤附近的「Shironeko Cycle」(白貓腳踏車)價錢相宜／2.電動腳踏車

東京近郊 ■ 輕井澤

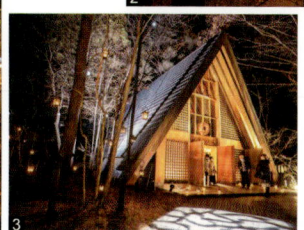

1.真實點火的蠟燭滿布地上，充滿幻想氛圍／2.到處掛有蠟燭燈籠／3.輕井澤高原教會為木造三角形建築／4.冬季場最多人包圍的，必然是聖誕樹裝飾

童話世界一般！夏冬兩季的浪漫點燈

輕井澤高原教會

　　輕井澤的基督教文化始於1886年，當時加拿大傳教士 Alexander Croft Shaw 來到此地，從此基督教在這片土地上扎根。輕井澤高原教會擁有超過百年歷史，其前身「星野遊學堂」在大正時代曾是思想家與文化人交流的場所。教堂在沒有婚禮儀式時開放遊客參觀，每年夏季與冬季還會舉辦特別的晚間活動，讓原本寧靜的教堂周邊熱鬧起來。

　　夏季活動「蠟燭之夜」營造出仲夏浪漫氛圍，冬季則是聖誕節點燈活動，場地內布滿燈籠與蠟燭，搭配聖誕樹裝飾，氣氛溫馨而夢幻，還會舉辦禮拜與音樂演奏會，非常適合情侶與家庭同遊。場地內擺放著無數真實點燃的蠟燭，加上閃爍燈飾，宛如童話繪本中的歐洲小鎮，也成為熱門攝影景點。

　　此活動採預約制，參加者須攜帶登記確認信與身分證明，並遵循官網公佈的抽選或先到先得的登記方式。活動時間約在8月(夏季)與12月(冬季)，詳情通常會在活動前約1.5個月於官網公告，名額有限，需提早留意報名資訊。

　　輕井澤高原教會可與榆樹街小鎮、蜻蜓之湯等安排為同一行程。由於會場交通較不便，建議自駕或搭乘計程車前往，特別是冬季夜晚氣溫低且路面昏暗，步行時需注意保暖與安全。

> http candle.karuizawachurch.org ｜ ⊙ 長野縣輕井沢町星野

81

1.無風時候的雲場池就如一面鏡子／2.雲場池附近相當適合騎腳踏車遊覽／3.圍繞池畔的步道種滿楓樹／4.地上的青苔使整個環境充滿綠意

四季展現不同風貌的如畫之湖

雲場池

輕井澤地區最著名的景點之一便是被當地人稱為「天鵝湖」的雲場池。這裡的水源來自御膳水，池畔栽種著落葉松，池面映照出四季變幻的自然景色。無風時，池水如鏡，環境靜謐，偶爾還能看到鴨子悠遊其中。沿著池畔設有長約一公里的遊步道，繞行一周約需20～25分鐘，可一邊散步、一邊欣賞美景，格外愜意，是理想的放鬆之地。

春夏新綠時節與秋季紅葉季是雲場池最受歡迎的時期，也是不容錯過的景點之一。春夏之際，翠綠環繞整座池塘，藍天白雲倒映其中，景色優美，令人忘卻城市的喧囂，是拍照取景的絕佳場所。秋季的紅葉約在10月上旬開始轉色，至10月下旬至11月上旬達到最盛。紅葉映照在池水之上，更添華麗之感，也使此時成為雲場池一年之中遊客最多的季節。冬季雖然寒冷，但覆蓋白雪的雲場池呈現出另一番銀白世界，依然值得一訪。

東京近郊 ■ 輕井澤

☕ Take a Break

輕井澤為何受日本人喜愛？

　　輕井澤即使在 7～8 月，最高氣溫平均僅 25.6 度，鮮少超過 30 度，相較東京涼爽許多，因此深受日本人喜愛，成為著名的避暑勝地，同時也是廣受海外遊客歡迎的旅遊景點。

　　1886 年，加拿大傳教士 Alexander Croft Shaw 來到輕井澤，發現當地的自然環境與清涼氣候酷似家鄉多倫多，便大力向家人和朋友推薦。他在輕井澤建造了一座簡樸的別墅，隨後他的朋友們也紛紛仿效在此興建別墅，使他成為輕井澤發展的先驅。至明治 30 年（1897 年）左右，輕井澤開始出現出租飯店與別墅，逐漸發展為以舊輕井澤為中心的度假別墅聚集地。

　　一次世界大戰後，日本富裕階層開始頻繁造訪輕井澤，並興建高爾夫球場、馬術中心等高檔娛樂設施。當地也吸引了許多嚮往西方文化的人士，並遺留下眾多西洋風建築，營造出濃厚的異國風情。在夏季造訪輕井澤，不僅被視為優雅且富有品味的選擇。憑藉豐富的觀光與自然資源，輕井澤至今仍深受日本人喜愛。

　　雲場池周邊有美術館、咖啡廳等設施，也坐落著許多日本人的度假別墅。從輕井澤車站出發，可選擇搭乘公車或步行前往，亦可騎腳踏車，沿途可感受滿滿的綠意。由於路面平坦，騎行十分舒適，且池畔設有腳踏車停車場。不過，雲場池並未設置汽車停車場，因此建議利用大眾交通工具前往會更為便利。

http karuizawa-kankokyokai.jp/spot/23234
📍 長野縣北佐久郡輕井沢町輕井沢

83

春榆樹之間的複合商業設施

榆樹街小鎮 (ハルニレテラス)

輕井澤的星野地區充滿森林與河流的自然氣息，其中「榆樹街小鎮」以「輕井澤的日常」為主題打造，是一座融合自然與人文的複合商業設施。這裡坐落於超過百株自生春榆樹之間，連結著十多家富有個性的店鋪，包括餐廳、咖啡廳、家飾雜貨店等，著名的川上庵與SAWAMURA在此也設有分店。整個街區以木製地板串連，營造出悠閒自在的氛圍，猶如置身森林中的商店街。夏季涼爽宜人，冬季則散發歐洲冬日聖誕的浪漫氣息，是觀光客休憩散步的理想之地。此外，周邊還有石之教堂、高原教會、蜻蜓之湯等景點，使其成為串聯星野度假區的重要據點。

從榆樹街小鎮步行約5分鐘，即可抵達溫泉設施「蜻蜓之湯」，這裡提供無須預約的大眾湯體驗。成人入場費為1,350日圓，毛巾需另行租借或購買。蜻蜓之湯的溫泉來自1915年開湯的星野溫泉，為源泉放流式溫泉，無須經過遠程引流或加水處理，可直接感受新鮮溫泉水的美肌功效。設施分為男女湯，各自設有內湯

東京近郊 ■ 輕井澤

1.榆樹街小鎮有家品店與和菓子店等進駐／2.蜻蜓之湯／3,5.沿著森林及河流而建，氣氛自在舒適／4.冬季前來星野區域，晚上會有裝飾及聖誕樹等／6.人氣麵包店SAWAMURA在此也有分店／7,8.在村民食堂品嘗信州鄉土美食

與露天風呂，露天風呂特別寬敞，可在泡湯的同時欣賞四周樹木景色，夜晚時甚至能仰望星空，倍感療癒。冬季造訪，還有機會體驗雪景中的露天溫泉，帶來更夢幻的享受。

蜻蜓之湯旁便是人氣餐廳「村民食堂」，主打長野縣的鄉土料理，如牛鍋、信州鮭魚等，營業時間從中午持續至晚間。此處不提供預約，需於店外發券機領取號碼牌排隊。若是假日造訪，建議先領取號碼牌，再前往蜻蜓之湯泡湯，回來後剛好可以享受美味料理，是一條順暢且放鬆的行程規畫。

http www.hoshino-area.jp/harunireterrace
📍長野縣北佐久郡輕井沢町星野

有刺青的話也可以泡溫泉嗎？

豆知識

在日本，許多溫泉大眾湯原則上不允許有刺青的人入場。不過，隨著社會風氣的改變，以及外國遊客的增加，一些設施開始接受使用身體貼紙遮蓋刺青的方式來進入溫泉大眾湯泡湯。這類身體貼紙可以在藥妝店購買，尤其是溫泉區的店鋪較容易找到。

如果選擇私人風呂，則通常沒有刺青限制。但是否能透過貼紙遮蓋刺青來使用大眾湯，仍取決於各家溫泉設施的規定，建議事先向店家確認，以免影響溫泉泡湯的行程。

全日本當中也罕見！縣境之中的神社

熊野皇大神社

　　熊野皇大神社位於標高1,200公尺的碓冰峠上，四周被大自然環繞，最特別的是它正位於長野縣與群馬縣的邊界上。這座神社同時屬於兩個宗教法人和兩個地區，並共用同一座社殿，是全日本少數的特殊神社設置，也是日本神社廳所指定的四個特別神社之一。境內有一棵樹齡超過1,000年的信濃木，據說長野縣的古名「信濃國」正是源自這棵樹，歷來被譽為開運及結緣的神木。

　　熊野皇大神社的社殿位於長野縣與群馬縣的界線上，鳥居前有明確的標示，參拜時雖然使用同一座社殿，但社殿前的賽錢箱卻分成兩個，管理的社務所也分為兩個，宮司也有兩位，各自有各自的御守和御朱印，非常值得收藏。

　　這座神社與和歌山縣的熊野三山、山形縣的熊野神社並列為日本三大熊野。據傳，約1,900年前，日本武尊在

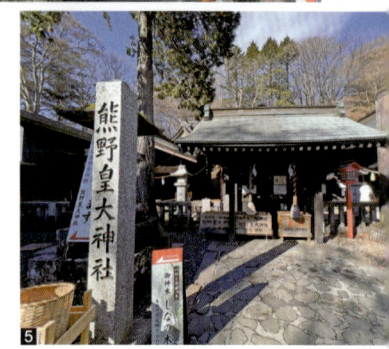

86

東京近郊 ■ 輕井澤

東征歸來途中遇到濃霧，由一隻八咫烏引領，平安到達碓冰峠山頂，因此八咫烏也象徵著「引領」之意。熊野皇大神社自古以來便受到武將的推崇，自江戶時代起便成為交通要點，許多名人曾前來參拜，並認為這裡是祈求必勝的靈驗神社。熊野的神使者是八咫烏，也正是日本足球協會會徽上的吉祥物，每當日本隊出戰國際賽事時，不少球迷會前來祈求勝利，甚至會購買專門的日本隊御守。在這裡，也有為寵物祈願的服務，許多日本人會帶著愛犬一同前來祈福。

由於大眾交通不便，通常需要開車或搭乘計程車前往。旺季以外遊客不多，山頂設有停車場和餐廳，附近的碓冰峠展望臺也可以悠閒地賞景，這裡是輕井澤一個較為小眾，且少有外國遊客造訪的深度景點。

1.左邊是長野縣，右邊是群馬縣／2.特別的縣境御朱印在全日本也是非常罕見／3,4.熊野皇大神社／5.共同同一個社殿，但是賽錢箱分成兩個／6.神社附近的碓冰峠展望臺景色開闊／7.信濃木圖樣的心型繪馬與日本足球協會特別版繪馬／8.神社的手水舍有活潑的鴨子及花裝飾著／9.信濃木

http kumanokoutai.com ｜ 長野縣北佐久郡輕井沢町峠町 1

和洋風烘焙果醬老店
白樺堂

🌐 shirakabado.jp ｜ 📍 輕井沢駅前通り店：長野縣北佐久郡輕井沢町東16-7 ｜ 🕘 09:00～18:00(不定休)

　　開業超過70年歷史的「白樺堂」，是輕井澤的老舖麵包工房，以製作紅豆泥起家，後來也著手製作果醬及烘焙點心等。長野縣盛產蘋果、藍莓等豐富種類的水果，果醬製品自然是人氣伴手禮。店內販售多種餅乾、磅蛋糕、最中餅及銅鑼燒等，其中最有名也最有歷史的伴手禮是「輕井澤塔」，是小小的鋪滿杏仁片及核桃的甜點塔，層次豐富，很適合當點心配茶享用。現場吃的話則有冰凍的「生銅鑼燒」，裡面放紅豆奶油、布丁等口味，半解凍的狀態吃，口感就像在吃冰淇淋三明治，可以在店內的內用空間慢慢品嘗！

　　除了這一家在車站附近，包括在舊輕井澤銀座通及王子購物廣場在內的數家店鋪全部都位於輕井澤，是別處找不到的在地好滋味。

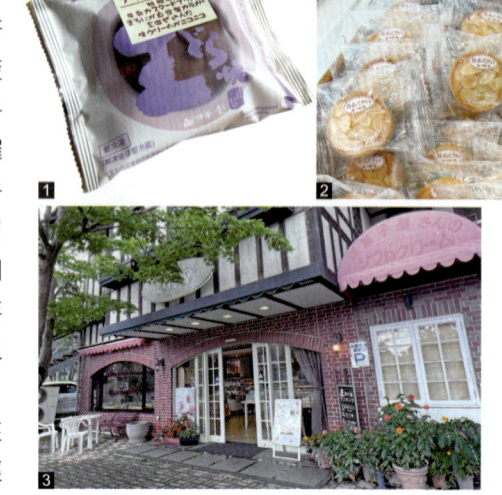

1.布丁生銅鑼燒／2.名物輕井澤塔／3.白樺堂店面

豆知識
為什麼輕井澤有這麼多教會？

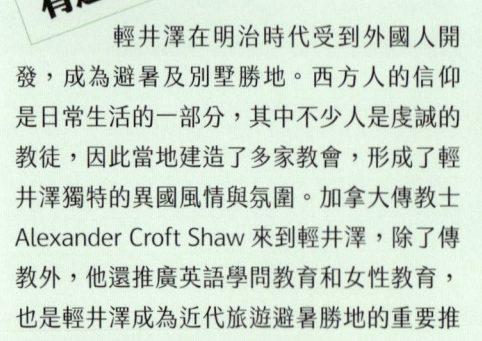

　　輕井澤在明治時代受到外國人開發，成為避暑及別墅勝地。西方人的信仰是日常生活的一部分，其中不少人是虔誠的教徒，因此當地建造了多家教會，形成了輕井澤獨特的異國風情與氛圍。加拿大傳教士Alexander Croft Shaw 來到輕井澤，除了傳教外，他還推廣英語學問教育和女性教育，也是輕井澤成為近代旅遊避暑勝地的重要推手，並被譽為「輕井澤之父」。

　　除了他成立的舊輕井澤地區的「輕井澤蕭紀念禮拜堂」是輕井澤最古老的禮拜堂外，輕井澤還有石之教堂、聖保羅天主教教會等多座教會，無論是否信仰宗教，或是喜愛欣賞風景與建築，都推薦前來走訪，感受一下當年開發輕井澤的人們的心境。

東京近郊 ■ 輕井澤

SHOP

輕井澤代表購物景點，愛買一整天

輕井澤王子購物廣場

www.karuizawa-psp.jp | 長野縣北佐久郡輕井沢町輕井沢 | 10:00～19:00(每日不同，請參考官網；全年無休)

　要數從東京出發其中一個最近又最方便的購物商城Outlet，輕井澤王子購物廣場無疑是首選。從東京搭乘新幹線前往輕井澤只需60分鐘，出站後步行約3分鐘便可抵達。這個廣闊的購物區被大片綠地環繞，營造出度假村的氛圍，擁有超過240家店鋪，涵蓋國際精品、運動品牌、生活雜貨、童裝、寵物用品及土產店等多種選擇，還設有美食廣場、餐廳和咖啡廳等。對於帶小孩的家庭來說，這裡還有適合孩子放電的遊樂區，非常適合在這裡購物一整天。此外，交通便利，輕鬆可前往飯店住宿及各大觀光景點，成為東京人週末小旅行的熱門去處，外國遊客也可享有免稅購物的優惠。

　每逢週末或連假，Outlet內總是擠滿來自各地的觀光客。由於前兩小時停車免費，很多人選擇開車前來。儘管Outlet擁有7個停車場，共計3,500個停車位，但在繁忙時段還是有可能停滿。每個停車場之間有一定距離，且官網會即時顯示哪個停車場已滿，讓行程安排更加靈活。

1.逛到累了，也有多種美食餐廳選擇／2,3,4.多家國際品牌進駐，起碼要預留2小時來逛／5.占地廣闊，逛一整天也不會膩

89

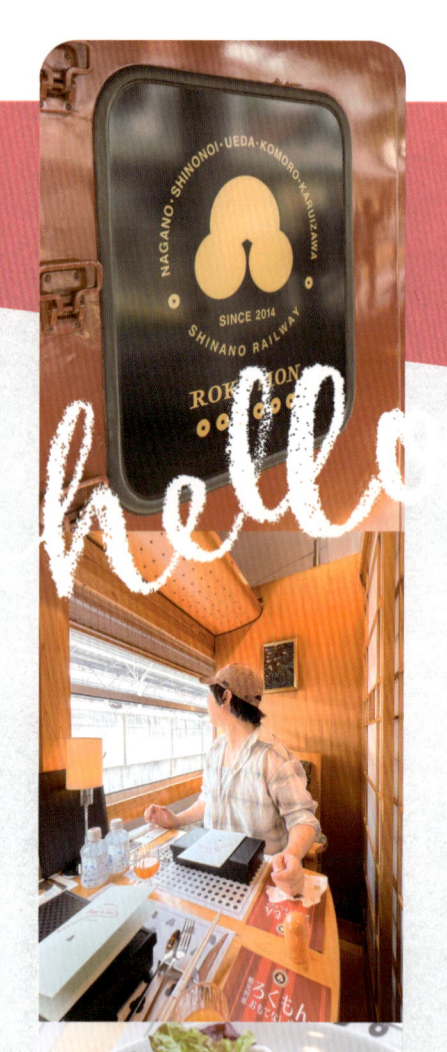

觀光列車之旅

「ろくもん」
輕井澤觀光列車

　　乘坐如高級餐廳般座位的觀光列車，一邊品嘗美食，如和牛等佳肴，一邊欣賞風景，讓移動的時間變得有趣且難忘，這正是觀光列車的特別魅力。信濃鐵道旗下的觀光列車「ろくもん」(Rokumon)連接輕井澤站與長野站，車廂內以長野縣產的木材打造溫暖氛圍，還能品嘗美味的餐點，無論是大人還是孩童，都會被吸引，特別適合喜愛鐵道旅行的朋友。

輕井澤⟷長野

　　「ろくもん」這個名字源自戰國時代，長野縣上田市真田町的武將真田一族的家紋「六文錢」，車身的緋紅色也來自真田信繁在大坂冬之陣戰役中，將盔甲、旗幟及武器等統一為紅色的「赤備」設計。

　　車輛採用了耐寒及耐雪的結構，特別適合行駛於多雪的山區。全車廂分為一號車至三號車，每輛車廂各有特色。一號車最受家庭客歡迎，設有四人座位，並設有提供飲料及商品的服務台。二號車則設有一整排吧檯桌席，讓人可以一邊輕鬆享受景色。三號車則以和風設計為主，擁有障子和檜木裝飾，所有座位都如同兩人座的包廂，既能保留隱私，又能安靜地享受美食，非常適合情侶，也因此是最

東京近郊 ▍輕井澤

搶手的車廂。

　列車運行的時間大多集中於週五～週一，每天大約有一班來回，部分月分會停駛。可以預約附餐點套餐的乘車券，從輕井澤出發前往長野方向，提供的是經典的洋風餐點；而從長野出發至輕井澤則提供和食料理。洋風餐點由在輕井澤有多年歷史的餐廳經營的義大利料理新店主理，當天的餐點包括沙拉、牛肉和甜點，非常豐盛，還提供迎賓飲料。如果不希望花大錢享受過於豪華的餐點，僅購買乘車券及指定座位的方案也是不錯的選擇。不過，我還是建議大家體驗一次附餐點的方案。車廂內會有服務人員提供服務，彷彿置身高級餐廳。

1.信濃鐵道輕井澤站／2.進入三號車的二人包廂時，前菜跟迎賓飲料早已預備好／3.特別設計的乘車券值得留為紀念／4.緋紅色的車身相當搶眼／5.吃過主餐也有甜點及咖啡／6.其他車廂的設計同樣雅緻

91

1,2沿途可見山間、河川及田野風景／3.以六文錢為主題的饅頭／4.豐富的洋風料理美味可口，品項隨時更改／5.車內販售當地特色的葡萄酒等商品／6.停靠車站時在月臺上販賣糖果

四季的窗外風景各具特色

從輕井澤到長野大約有75公里的距離，途經各種自然景色，四季的窗外風景各具特色。春天可以欣賞到櫻花，而冬天則可能看到白雪覆蓋的蔬菜田。即使是各個停靠的車站也充滿特色，有些車站月臺上會販售糖果，還有與台灣鐵道結為姊妹車站的「田中」車站，甚至還會有來自各地的居民在月臺上向你揮手問好，這些小片段無疑是乘坐觀光列車的重要且美好的體驗。

車廂內還有各種限定商品可供購買，因為長野縣也以善光寺七味粉聞名，這就像是參拜善光寺的證明。快要到達目的地時，服務人員會送來特別版的七味粉作為伴手禮，與蕎麥或炸物搭配最為合適。

想坐心儀的座位，務必預約

可以從官網上預約乘車，注意僅能使用信用卡支付。為了方便遊客，特別設有繁體中文網站，十分便利。餐點方案的預約可從出發日2個月前的第一天開始，若想要選到心儀的座位，請務必留意預約日期！雖然長野市不屬於東京近郊範圍，但也可以將其安排為東日本地區的延伸行程，充分享受一次難忘的旅行。

http://www.shinanorailway.co.jp/rokumon

92

東京近郊 ■ 輕井澤

提供世界級優質咖啡的低調高手

丸山珈琲本店

www.maruyamacoffee.com/shop/karuizawa
長野縣北佐久郡輕井沢町輕井沢1154-10
10:00～18:00 ｜休 週二 ｜$ 1,000～2,000日圓

最適合送人的掛耳式咖啡套裝，在輕井澤本店才買得到！

　丸山珈琲是在輕井澤創立的當地咖啡店，目前擁有約9家分店，本店位於輕井澤車站附近，距離車站騎腳踏車約10分鐘的距離，店面坐落在別墅區的一座小木屋中。店鋪外觀十分低調，入口的看板小巧，從外面看就像一座普通的住家，進入店內有如同在家一般舒適的氛圍。店內也提供戶外座位。

　店主經常從世界各地的咖啡產地精心挑選優質咖啡豆，常常擁有超過35種不同的咖啡豆，還會有一些期間限定的咖啡可供選擇。丸山珈琲出身的咖啡師曾在世界咖啡大賽中獲得冠軍，這裡的咖啡由專業咖啡師親自沖泡，香氣濃郁，口感順滑，無論是當地居民還是遊客都對其讚不絕口。店內也特別提供英文菜單，即使不懂日文的人也能輕鬆點選心儀的飲品。

　丸山珈琲的一大特色是使用法式濾壓壺來沖泡咖啡，這樣可以讓咖啡保留一層脂肪與原有風味，無論單喝還是搭配甜點享用，都十分適合。店內還設有商店區，客人可以現場購買各種咖啡豆和掛耳式咖啡，並有機會品嘗不同咖啡豆沖泡出來的飲品。如果對某款咖啡豆感興趣，也可以向店員詢問推薦，讓自己選擇到最適合的口味。

1.自家製甜點配特調咖啡／2.店內舒適明亮，像在家的客廳一樣／3.戶外座位宛如森林一角／4.外表低調得像普通別墅

93

FOOD

與小鳥作伴的療癒感咖啡廳
None Cafe

🌐 nonecafekaruizawa.wixsite.com/mysite
📷 @nonecafekaruizawa ｜ 📍 長野縣北佐久郡輕井沢町長倉2778-1 ｜ 🕙 10:00～16:00 ｜ 休 週二、三、四 ｜ 💲 1,000～1,500日圓

在中輕井澤地區的湯川故鄉公園附近，有一家隱藏版的森林咖啡廳——None Cafe，於2018年開幕。這家店外觀低調，不易察覺，但進去後卻別有洞天。在舒適的露天座位上，您可以欣賞眼前湯川的河水流動，聆聽鳥鳴聲，享受一杯香醇的咖啡。若運氣好，還能見到可愛的野生松鼠在周圍活動。座位前的小木屋裡放著鳥飼料，吸引各式各樣的小鳥來啄食，顏色和種類十分豐富，這樣融入大自然的咖啡體驗，絕對值得一試。

這裡的座位數不多，環境十分舒適，天氣晴朗時可以沐浴陽光，讓人完全放鬆，忘卻都市的喧囂，享受片刻的療癒時光。由於位置偏離主要觀光區，這裡也沒有太多外國遊客，因此更能感受到當地的寧靜和獨特氛圍。店主對咖啡有很高的要求，所有咖啡豆都是自家烘焙，並使用烘焙後一星期內的新鮮豆子來沖泡。店內的蛋糕和蘋果派也相當出色，連餐具都是特別訂製的。需要注意的是，這裡只提供咖啡和甜點，並沒有主餐，適合開車或騎腳踏車前來。店鋪每週僅營業4天，因此想來的話，需要提前計畫好行程！

1.蛋糕美味之餘，就連餐具也造型可愛／2.從店鋪外面看只是普通的咖啡廳／3,4.戶外座位宛如森林一角

東京近郊 ■ 輕井澤

FOOD

綠意之中的祕境咖啡廳

涼之音

suzunone.main.jp | 長野縣北佐久郡輕井沢町旧輕井沢972ハウスNo.1138 | 09:00～17:00 | 週三 | 1,000～2,000日圓

　穿過舊輕井澤銀座通後面的巷弄，隱匿於森林別墅區中的咖啡廳「涼之音」，其建築風格與加拿大傳教士在輕井澤所建的第一座別墅相似，曾經作為旅籠使用，並且在明治時代曾是名人的別墅，現已被登錄為日本國家有形文化財。這家咖啡廳四周被樹木環繞，隱蔽得讓人初次來到時，甚至會以為走錯了路。它提供早餐、午餐以及各種甜點和咖啡，並有少量的戶外座位，可以一邊享用美味的飲品，一邊欣賞自然景色。偶爾還能看到松鼠和各種野鳥等小動物，營造出一種溫馨而寧靜的氛圍。

　在夏天，當綠樹環繞，坐在戶外享用蛋糕和咖啡，彷彿進入了一個寫意的世外桃源，讓人感到放鬆和自在。與其他輕井澤的店家一樣，涼之音每年冬季會休業，通常會在翌年3月底重新開放，因此出發前，記得先在官方網站確認營業時間。需要注意的是，這裡並沒有提供停車場，且周圍的路比較狹窄，若駕車前來，需要利用舊輕井澤銀座通附近的停車場，並步行過來。

　另外，涼之音的對面便是日本文學界的代表性詩人室生犀星的紀念館。紀念館原為室生犀星的別墅，並在每年4月底～11月上旬開放，內有美麗的庭園，種滿了青苔和楓樹。晴天時，透過樹木間隙灑進來的光線，十分美麗，成為不少攝影愛好者的隱藏拍攝點，是輕井澤區域少數人知曉的祕密景點，非常適合拍照留念。

1.蛋糕跟咖啡同樣美味／2,3.咖啡廳建築融合和洋風格／4.室生犀星紀念館的庭園優雅又充滿自然氣息

東京近郊
Karuizawa

舊輕井澤 銀座通

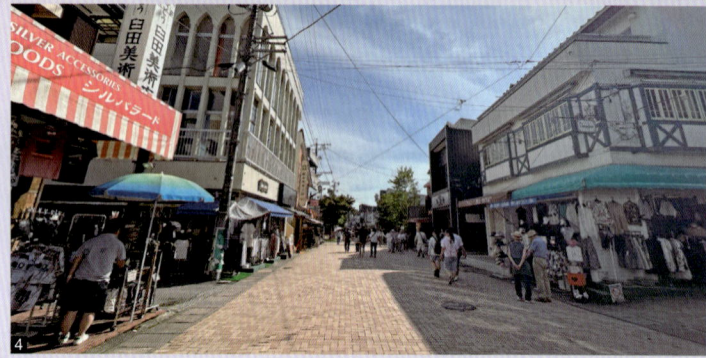

1.當地知名的巧克力店Bon Okawa，脆餅很適合當伴手禮／2.Church Street內也有不少店鋪／3.輕井澤錯視美術館／4.舊輕井澤銀座通

karuizawa-kankokyokai.jp/spot/30092

　輕井澤最熱鬧的街道非舊輕井澤銀座通莫屬。這條街全長約750公尺，自江戶時代起便作為驛站繁華一時。由於周邊為度假別墅聚集地，街道上林立著各式餐廳、咖啡廳、麵包店與伴手禮商店，還有許多教堂、木造建築與紅磚建築，融合日式與西式風格，營造出獨特的異國氛圍。

　這裡不僅可以悠閒逛街，還能品味各式美食與甜點，眾多知名店鋪皆匯聚於此。此外，商業設施「Church Street」以及輕井澤錯視美術館等觀光景點也座落於此，增添逛街的樂趣。

　從輕井澤車站步行至舊輕井澤銀座通約需20分鐘，建議搭乘公車或騎腳踏車前往更為便利。需注意的是，冬季期間部分店家可能休業，出發前務必查詢營業資訊，以免撲空。

Tips　輕井澤旅遊注意事項

■在舊輕井澤區域，路上的公共洗手間為收費使用，若需免費洗手間，可善加利用車站或餐廳內的設施。

■輕井澤的店家營業時間普遍較短，大多在21點前關門，若計畫在當地用晚餐，建議事先查詢並預訂。

■在其他地區常見的24小時便利商店，在輕井澤通常最晚僅營業至23點，行程安排時可多加留意。

東京近郊 ■ 輕井澤

每天新鮮製作的義式冰淇淋
Libisco

libisco.com｜長野縣北佐久郡輕井沢町輕井沢746-4｜10:30～賣完即止｜1,000日圓以下

長野縣擁有豐富的自然資源，除了山水迷人，當地的乳製品也相當有名，這使得當地的冰淇淋別具特色。穿過舊輕井澤銀座通的巷弄，便能找到一家名為 Libisco 的義式冰淇淋店。店內的冰淇淋秉持每日新鮮製作，採用牛奶、水果等食材，並且使用最少量的糖，過程中不添加雞蛋，旨在呈現最天然、最美味的義式冰淇淋。店內每日提供十多種不同口味的義式冰淇淋，口感幼滑，奶香濃郁，卻不會讓人感覺膩。

推薦必試的口味是「小布施牛乳」，這款著名品牌牛奶，具有天然的香甜味，與抹茶或堅果口味搭配相當和諧。由於每天製作數量有限且售完即關門，人氣口味通常在下午就會被搶光，建議提早前來。

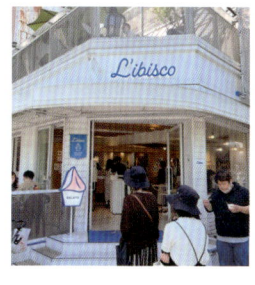

必試濃厚生起司冰淇淋
Atelier de Fromage

www.a-fromage.co.jp/page/shop_karuizawa｜長野縣北佐久郡輕井沢町東18-9｜10:00～18:00｜休 週三｜500～1,000日圓

在輕井澤有數家店鋪，是一家專門製作各式起司的店，所用的生乳來自自家牧場及契約牧場。這裡的起司曾多次獲得獎項，備受推崇。除了販售各式起司、冷凍披薩與蛋糕等製品外，還有一款特別受歡迎的生起司冰淇淋，口感濃郁滑順，帶有起司特有的鹹香，吃起來清爽宜人。

濃厚生起司冰淇淋

97

SAWAMURA

FOOD | 必試新鮮麵包、人氣早餐與西式餐點

- http: b-sawamura.com
- 長野縣北佐久郡輕井沢町輕井沢12-18
- 07:00〜22:00；冬季08:00〜21:00(10:00〜11:00休)
- $ 2,000〜2,500日圓

來到輕井澤，絕不能錯過這家早午餐名店，這家店擁有如度假村般的悠閒氛圍，清晨新鮮出爐的麵包總是吸引不少遊客前來選購。陳列櫃內的各式麵包看起來十分誘人，皆以自家酵母製作，此外，店內還販售自家製的抹醬與果醬，十分適合作為伴手禮帶回家。

除了外帶麵包與餅乾，SAWAMURA 也設有內用座位及戶外露天座位，餐點以西式料理為主，早餐、午餐及晚餐皆採用當季當地食材，帶來新鮮健康的風味。

早餐選擇豐富，包括綜合西式早餐、法式吐司等套餐，搭配一杯自家烘焙的咖啡，佐以剛出爐的熱騰騰麵包，絕對是一大享受。若想避開人潮，建議早上剛開門時前往；午餐時段則因觀光客湧入，可能需要等候入座。

店內的人氣料理還有使用自家製麵包製作的漢堡與薯條，100% 牛肉製成的漢堡肉多汁又分量十足，深受饕客喜愛。到了晚餐時段，推薦搭配酒類，一邊品味佳肴，一邊沉浸在輕井澤悠閒又帶有歐式風情的氛圍之中。

1.自家製麵包製作的漢堡及薯條／2.低溫薄切烤牛肉漢堡／3.西式早餐套餐／4.SAWAMURA店外／5.店內環境舒適，挑高的空間光線充足／6.販售各種新鮮麵包，種類豐富

東京近郊 ▌輕井澤

FOOD

名物巨型炸蝦天婦羅配蕎麥麵

川上庵

www.kawakamian.com ｜ 長野縣北佐久郡輕井沢町旧輕井沢6-10 ｜ 11:00～22:00(最後點餐時間21:00，隨季節有異) ｜ 1,500～2,000日圓

在日本，水源純淨的地方往往以蕎麥麵聞名，擁有優越自然環境的長野縣也不例外。而在輕井澤，最具代表性的蕎麥麵名店之一便是川上庵，這家店每天開店前便已大排長龍，足見其人氣之高。

川上庵位於舊輕井澤銀座通入口附近，是一家專門製作蕎麥麵的名店，提供室內與半露天座位，環境舒適。這裡的蕎麥麵採用石臼自家研磨的二八蕎麥粉(即八成蕎麥粉、兩成小麥粉)，口感Q彈順滑，帶有淡雅的蕎麥香氣，搭配醬汁更是絕配。

店內最受歡迎的餐點是蕎麥麵配綜合天婦羅，幾乎每桌必點。天婦羅包含炸蝦及南瓜、茄子等蔬菜，炸衣酥脆卻不顯油膩，與蕎麥麵的清爽口感形成完美平衡。蕎麥麵可選擇冷麵(

冷蕎麥麵

搭配沾醬汁)或熱湯麵，若想品味蕎麥的原始風味，冷麵是不錯的選擇，Q彈爽口，與天婦羅的搭配更顯清爽可口。

此外，店內還提供鴨肉蕎麥麵、胡桃冷蕎麥麵等多種特色口味，以及天婦羅飯等選項，選擇豐富。由於尖峰時段常需排隊30分鐘以上，建議預留足夠時間，才能悠閒享受這一碗充滿輕井澤風味的美味蕎麥麵。

1.蕎麥麵配綜合天婦羅／2,3.川上庵／4.超巨型的炸蝦，單吃或沾鹽也很好吃

99

SNOOPY Village
史努比粉絲必朝聖官方賣店

www.snoopychaya.jp | 長野縣北佐久郡輕井沢町旧輕井沢800番地 | 09:30～17:30(隨季節可能有異)

　SNOOPY迷來到輕井澤，絕對要準備好荷包大掃貨！2022年在舊輕井澤銀座通開幕的「SNOOPY Village」樓高兩層，一樓設有巧克力專賣店「SNOOPY Chocolat」及以胡士托為主題的「WOODSTOCK NEST」，二樓則是和風甜點店「SNOOPY茶屋」。這座複合設施集結三家店鋪，販售各式史努比精品，從文具、玩偶、服飾配件，到零食、家品及擺設等，琳瑯滿目，可愛得讓人心都融化了。

　「SNOOPY Village」是一家以旅行目的地為主題的特色商店，目前在日本除了輕井澤，伊勢、由布院等地也設有分店，每家店販售的商品各具特色，其中不少是輕井澤店限定款。輕井澤限定商品的設計融入了和風元素與長野縣特產蘋果，十分適合作為日本旅行的紀念品。此外，「SNOOPY茶屋」還提供各店限定餐點，店內每個角落都能找到史努比與胡士托的可愛身影，讓粉絲們心動不已，絕對是朝聖必訪之地！

1.輕井澤店限定商品有長野縣名產的蘋果圖案／2. SNOOPY茶屋／3,4.各種史努比及胡士托的可愛精品／5.SNOOPY Village

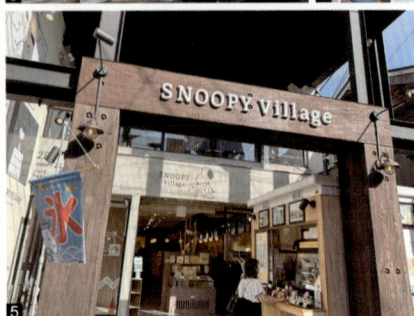

東京近郊 ▌輕井澤

SHOP

進入米菲兔可愛又美好的森林世界

米菲兔森之廚房

http miffykitchenbakery.jp ｜ 長野縣北佐久郡輕井沢町大字輕井沢559番地 ｜ 09:30～17:30(隨季節有異,全年無休)

　這間深受女性喜愛的米菲兔限定商店與日本其他觀光地的分店一樣,各自擁有獨特主題,而輕井澤店則以「森林」為主題,販售各式米菲兔的生活雜貨與零食伴手禮,就算不是粉絲,也難以抵擋米菲兔的可愛魅力。

　貫徹森林廚房的概念,這裡販售的商品多與廚房相關,設計則融合輕井澤的自然風格,以綠色為主調。除了烘焙師造型的米菲兔玩偶,還有杯子、便當盒、圍裙、毛巾等實用小物,讓米菲兔陪伴廚房的每個角落,無論自用或送禮都十分合適。

　店內還設有麵包店,販售米菲兔造型的紅豆麵包與丹麥麵包,可愛又美味,輕井澤店限定的蘋果麵包更是不容錯過。此外,還有適合帶回家的罐頭麵包與餅乾。需特別注意的是,遇上大型連假時,麵包可能在中午前就售罄,而麵包店在冬季會休業,但伴手禮商店則正常營業,建議出發前先至官網確認開店日期。

　值得一提的是,米菲兔專賣店在川越也有分店,不過該店以川越的藏造老街為主題,與輕井澤店的森林風格截然不同,米菲迷不妨親自造訪,感受不同的魅力!

1.米菲兔的造型麵包／2.烘焙師造型的巨型米菲兔玩偶在店鋪中央／3.米菲兔森之廚房／4.餐具、烘焙用具等種類五花八門／5.米菲兔造型玩偶／6.人氣的紅豆麵包賣光了不要緊,可以購買造型包包當紀念品

101

Karuizawa

英迪格酒店
Hotel Indigo Karuizawa

2022年開幕，自開業以來便成為熱門話題。從入口到大堂的簡約時尚建築風格，便能感受到設計上的精緻用心。入住登記時，工作人員還會提供迎賓飲料，讓人感受到溫暖的款待。飯店的建築包括幾個客房區、餐廳、SPA以及接待大堂等，並以開揚感十足的戶外走廊串聯起來，營造出舒適的度假氛圍。

Standard Twin雙床房內木質設計雅緻，配有舒適的睡衣、大電視，寢具的質感也非常高，讓人躺下便能安然入睡。房內還有一張沙發可供躺臥，設施齊全，舒適度極高。浴室採乾濕分離設計，擁有寬敞的浴缸，且可透過落地玻璃欣賞外面的綠意景色。梳妝台上的大鏡子和明亮的照明為使用提供了便捷，備品也十分充足。浴室外的戶外陽台設有椅子和桌子，周圍種滿樹木，隨時可感受大自然的清新氣息。

溫泉方面，男女湯分別設有內湯、露天風呂及三溫暖，水溫適中，讓人舒適放鬆。大浴場內還有毛巾提供，不必特意從房間拿過去，非常方便。此外，飯店門口對面便有便利商店，想補充些必需品也十分便利。

飯店內的餐廳提供美味的晚餐，或者也可以選擇客房送餐服務，這也是一種不錯的體驗。客房送餐的義式料理，包括義大利麵和披薩，質素令人滿意，送到房間時仍保持熱騰騰，可以一邊看電視，一邊享用美食，與親朋好友共

東京近郊：輕井澤

享悠閒時光。

早餐方面，餐廳提供大受好評的自助餐，品種豐富，讓人印象深刻。特別推薦法式吐司，口感極佳。如果你喜歡新鮮蔬果，不妨留意餐廳的特別服務，每天會有特定種類的水果，只需向餐廳人員提出要求，便會安排新鮮切好的水果送到桌上。

總的來說，儘管這裡的住宿價格並不便宜，但環境質素、服務和餐點的貼心周到，讓整體體驗值得一試。飯店內設有大型停車場，開車自駕來訪的客人可以輕鬆停車。而選擇搭乘大眾交通的遊客，也可以利用飯店提供的免費接送服務，從輕井澤站至飯店的來回接送車，無需預約，為遊客提供了極大的便利。

1.飯店的公共空間充滿度假村的氛圍／2.房間寬敞、乾淨又有溫馨感／3.飯店入口／4.大堂的設計時尚又明亮／5.自助餐廳寬舒適／6.自助早餐款式多樣又美味／7.浴室的外面是陽台，在陽台可以感受森林與陽光的氣息／8.客房建築群／9.飯店安排的免費接送車

[http] karuizawa.hotelindigo.com ｜ 長野縣北佐久郡輕井沢町大字長倉字屋敷添18番地39

東京近郊最知名的溫泉勝地之一，擁有得天獨厚的自然美景，位於富士山的山麓，隸屬於富士箱根伊豆國家公園。這裡不僅擁有豐富的文化歷史，還匯聚了多樣的觀光設施，深受日本人與外國遊客喜愛，是東京近郊小旅行的理想目的地之一。

從東京出發，交通十分便捷，當地更有多家風格獨特的美術館，讓旅人沉浸於藝術氛圍之中。此外，箱根的景點與美食選擇豐富，即使是自助旅遊新手也能輕鬆規畫行程。

無論是一日遊，還是停留一兩天享受優質溫泉，體驗多種有趣的交通工具，無論大人或小孩，都能盡情感受箱根之旅的樂趣。

箱根

HAKONE

箱根地圖

東京近郊 / 箱根

前往箱根的交通方式
Let's Go

從東京前往箱根的交通十分便捷，可選擇多種方式抵達小田原或箱根湯本。雖然路線選擇多樣，對於初次造訪的旅客來說可能會感到有些複雜，但根據不同的行程安排，靈活搭乘各種交通工具，不僅能順利到達目的地，也讓旅途本身增添不少樂趣。

東京 ⇄ 箱根
Tokyo　　　Hakone

東京、品川出發

如果從東京或品川出發，希望兼顧預算與時間，新幹線是最快且最直接的選擇。搭乘東海道新幹線前往小田原站約 35 分鐘，再轉乘箱根登山電車至箱根湯本約 15 分鐘，總共約 60 分鐘即可抵達。需要特別注意的是，這段新幹線屬於 JR 東海道範圍，而非 JR 東日本，因此東京廣域周遊券不適用。此外，僅 Kodama 號與 Hikari 號停靠小田原站，Nozomi 號則不停靠。持 JR Pass 全國版的旅客可搭乘 Kodama 號與 Hikari 號的自由席，但仍需確認購票與搭乘規則。同時，箱根登山電車不包含在 JR Pass 內，因此選擇新幹線較適合預算充裕的旅客。

除了新幹線，從東京站也可搭乘 JR 踴子號特急列車前往小田原，再轉乘箱根登山鐵路至箱根湯本，總計約需 90 分鐘。雖然特急列車的車程比新幹線稍長，但若持有東京廣域周遊券，這段特急列車的車資已包含在內，只需額外預約指定席券，整體花費更划算。這種方式特別適合計畫遊覽多個東京近郊地區、希望節省交通費的旅客。

東京車站

從東京主要車站出發

東京站 或 品川站		新宿站	新宿巴士總站
東海道新幹線 約 35 分鐘	JR 踴子號特急列車 約 60 分鐘	小田急線一般列車 約 1 小時 35 分鐘	小田急浪漫特快 (Romance Car) 約 1 小時 26 分鐘
小田原站			高速巴士 約 2 小時
箱根登山電車 約 15 分鐘		
箱根湯本站			箱根桃源台站／ 箱根神社等

製表：米克

How to 購買去箱根的交通 Pass

箱根周遊券

由小田急電鐵推出，提供「兩天券」與「三天券」兩種選擇。票券可在有效期限內自由搭乘指定交通工具，例如箱根登山電車、箱根登山纜車、箱根空中纜車、箱根海賊觀光船、箱根登山巴士、小田急高速巴士等。

乘坐巴士時，只需向司機出示票券即可，避免單次購票與巴士車資計算的麻煩。適合計畫在箱根停留 2～3 天的旅客使用。

- **價格**：6,100 日圓（成人兩天券從新宿出發）
- **購買方式**：1. 小田急電鐵的旅遊服務中心／2. 車站售票機／3. EMot 線上購票服務
- **票券內含**：1. 新宿至箱根湯本的來回一次車程／2. 箱根八種交通工具的自由搭乘權限。／3. 約 70 個設施的折扣優惠
- **注意事項**：1. 票券包含的新宿至箱根湯本來回票，不適用於小田急浪漫特快列車。／2. 若要搭乘浪漫特快，需另行加購預約車票。

延伸選擇：箱根鎌倉周遊券

若計畫同時前往鎌倉，建議考慮購買「箱根鎌倉周遊券」。此票券包含：箱根地區的 8 種交通工具、小田急全線及江之電，適合一次遊覽多個東京近郊景點的旅客。

東京廣域周遊券

東京廣域周遊券可以在 3 天內不限次數乘坐指定範圍內的普通列車、特急列車、新幹線等，可使用區間只到達附近的小田原站，並不包含到箱根湯本，小田原到箱根湯本這一段的交通需要自行付費。視乎個人的行程安排，如果是箱根的一天遊，也會去橫濱或輕井澤等其他東京近郊地區的話可考慮購買，避免買了 Pass 又用不完的浪費。

需要注意的是，東海道新幹線的小田原站、新橫濱站並不包含在使用範圍內，這一段如需使用 JR Pass，是需要購買全國版的 JR Pass，由於價格高昂，使用範圍遍布全日本的 JR 路線，基本上不會用來單玩東京近郊。詳情請見 P.17。

小田急線新宿車站服務臺

箱根周遊券可自由乘坐箱根登山巴士等交通工具

東京近郊 ▍箱根

新宿出發

　　從新宿出發坐電車直達至箱根湯本，唯一不用轉車的方法就是乘坐小田急浪漫特快，是不少人往來東京市區與新宿之間的好選擇，時間約需 1 小時 26 分鐘，最方便快捷。如果想省一點錢，可以坐小田急線的急行列車到小田原，再轉乘箱根登山電車至箱根湯本，時間不會相差太遠，缺點是要換一次車。

　　如果有時間也想省預算，可以選擇乘坐小田急箱根高速巴士，從新宿高速巴士總站直達御殿場、箱根桃源台、箱根神社等地，每小時約有 1～2 班車，車程單程約 2 小時左右，可以在車上舒舒服服不用換車就到達箱根，甚至是直接去箱根神社參拜最方便。值得留意的是，遇上周末假日時有機會塞車造成行程誤點。

　　乘坐巴士的話建議事前在網路預約車票，並準時到達巴士總站上車，因為新宿一帶的地理位置複雜，特別是攜帶大行李時需要預留時間早點到達巴士總站，避免錯過班次得不償失。

1.新宿站及新宿巴士總站／2.小田急浪漫特快

箱根的移動方式 Let's Go

　　從東京抵達箱根後，遊覽當地景點主要依賴箱根地區內多種交通工具，幾乎所有主要景點都能透過發達的大眾公共交通抵達。然而，由於各種交通工具名稱相似，初次造訪的旅客可能會感到混淆。若不想花時間研究交通路線，自駕也是一種選擇，可在小田原站或箱根湯本站租車，讓行程更具彈性。

箱根登山電車

小田原→箱根湯本→強羅

　若未搭乘小田急浪漫特快,需在小田原轉乘箱根登山電車前往箱根湯本。箱根湯本至強羅這一段路線,串聯了雕刻之森美術館與溫泉旅館集中的強羅地區,沿途穿越山林,可欣賞四季不同美景。特別是在6月中旬～7月上旬的繡球花季,沿線花朵盛開,景色極為迷人。

箱根登山纜車

強羅→箱根湯本→早雲山

　前往大涌谷,需先從強羅搭乘箱根登山纜車至早雲山。沿途經過箱根美術館與強羅公園,適合喜愛藝術與自然的旅客。早雲山可說是箱根周遊路線的中途站,設有咖啡廳、免費足湯、觀景臺及休息空間,是稍作停留的好地方。

箱根空中纜車

早雲山→桃源台

　箱根空中纜車連接早雲山、大涌谷、姥子與蘆之湖畔的桃源台,全程可俯瞰箱根壯麗的山景與蘆之湖的景色。纜車運行分為「早雲山～

1.從小田原轉乘至箱根登山電車／2.箱根登山電車／3.強羅車站

108

東京近郊 / 箱根

大涌谷」及「大涌谷～桃源台」兩段，搭乘全線需在大涌谷換乘。此外，需留意營運時間約為上午9點～16點，避免過晚無法離開。

箱根觀光海賊船

桃源台→箱根町港→元箱根港

坐箱根觀光海賊船可從水路遊覽蘆之湖，是兼具觀光與交通的絕佳方式。航線可選擇從桃源台至元箱根港，方便前往箱根神社與成川美術館；或至箱根町港，探索箱根關所與箱根驛傳博物館。箱根町港與元箱根港步行距離約20分鐘，可依行程安排選擇上下船地點。

箱根登山巴士

箱根登山巴士連接小田原、箱根湯本、箱根神社等主要景點，並涵蓋多條路線。部分景點距離電車站或纜車站較遠，搭乘巴士可省去步行時間。建議從小田原上車，較容易找到座位，讓旅途更舒適。

Tips　留意天氣及運行狀況

箱根的多種交通工具中，如箱根空中纜車等，可能因天氣狀況或火山口噴煙影響而臨時停駛或調整班次。建議出發前先查閱官方網站，確認最新運行狀況，以便順利安排行程。

109

箱根湯本站周邊

超方便的美食購物一條街

箱根湯本商店街

在箱根的交通樞紐與玄關口「箱根湯本」站前的箱根湯本商店街，這條商店街設有蓋設計，無論下雨天都能讓你安心逛街。尤其在週末假日的傍晚，這裡更是熱鬧非凡。搭乘小田急浪漫特快下車後，若你急於在箱根湯本品嘗美食，或是找餐廳與咖啡廳稍作休息，車站內設有置物櫃，還有提供當天行李寄送至部分飯店的服務。如果一早到達箱根，想先去觀光再辦理入住，這項服務十分方便，能讓你免去大行李的困擾，輕鬆空手出遊。車站內的觀光服務中心也提供外語查詢服務，讓外地旅客更加便利。

箱根湯本站周邊也有許多日歸溫泉設施或旅館，泡個溫泉後，再慢慢逛街，享受輕鬆的旅行方式。

商店街擁有約70家店鋪，包括餐廳、咖啡廳及各種伴手禮店，若認真逛一逛，可以花上一兩小時。除了能夠感受溫泉勝地的氛圍外，還能品嘗各式小吃，如溫泉饅頭、

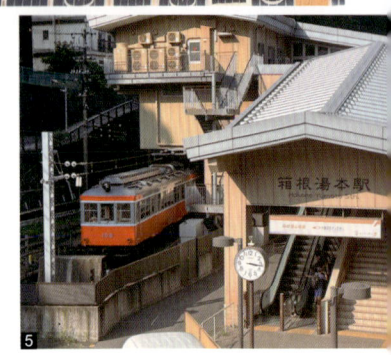

東京近郊 ▍箱根

其中一些店內現場製作，甚至可以看到生產過程。箱根與小田原有名的魚板與魚糕也是必嚐美食，籠屋清次郎販售的現炸魚糕口味繁多，包括洋蔥、蟹、沙丁魚、明太子、起司等，咬下去魚肉鮮嫩，十分受歡迎，價格也非常親民，無論是當下享用還是帶回飯店當宵夜，都很合適。

　　如果你將箱根湯本作為旅程的最後一站，也可以在此選購伴手禮。箱根的伴手禮種類豐富，街上有不少售賣特色商品的商店，如寄木細工、溫泉入浴劑等，這些過去較為昂貴的寄木細工，如今價格更加平易近人，是送禮的好選擇。商店街的店鋪通常在下午5～6點左右關門，但箱根湯本車站內的伴手禮店會營業至晚上8點，讓你可以在上車前最後一刻盡情購物。如果你持有箱根周遊券，部分商店還可享有折扣，詳細內容可參照票券上的使用說明。

1,8.各種小吃店及餐廳／2.咖啡口味的霜淇淋／3.箱根湯本商店街／4.箱根溫泉入浴劑是人氣伴手禮／5.箱根湯本車站／6.櫻花季期間的源平池／6.現烤的年糕也特別受歡迎／7.籠屋清次郎的魚糕特別受歡迎／9.車站內的伴手禮商店

http www.hakoneyumoto.com/shopping
神奈川縣足柄下郡箱根町湯本　箱根湯本站

強羅站周邊
日本首個戶外美術館、體感藝術與自然的力量

箱根雕刻森林美術館

　箱根雕刻森林美術館是日本第一座戶外美術館，於1969年開幕，占地廣達七萬平方公尺，位於自然環境中展示多位近代雕刻家的作品。館內散佈著120多件戶外雕塑，並巧妙地利用借景的方式，使作品與周圍環境和諧融合，增添了展示的趣味性。遊客可以一邊散步一邊欣賞這些作品，並拍攝許多美麗的照片，是不論當地人還是外來遊客都喜歡打卡的景點。無論是單獨一人、情侶還是帶著小孩來訪，不同年齡層的遊客都能在這裡找到藝術的樂趣。作為箱根眾多美術館中最平易近人的一座，它是我最推薦來體驗的地方。

　美術館中最大型的作品是樓高18公尺、呈塔狀的「呼喚幸福的和聲」，由法國藝術家Gabriel　Loire創作。這座圓筒形建築由彩繪玻璃製成，當自然光線透過玻璃時，作品會展現出不同的樣貌，成為館內最受歡迎的打卡景點。遊客可以走進雕塑內部，爬

東京近郊 ▮ 箱根

1.超過一百件雕塑作品散落在館內各處／2.呼喚幸福的和聲／3.高達6公尺的作品戶外「行走花朵」，色彩明快／4.乘坐箱根登山電車至雕刻之森站十分方便／5.野外庭園也設置雕塑，彷如走進繪本世界當中／6.體驗型作品「星之庭」，從高處看下去是星形，走進去則置身巨大迷宮／7.館內也有咖啡廳及休憩空間／8.販售各種畢卡索作品的明信片／9.館內占地廣闊，可以慢慢地悠閒逛個半天

上樓梯到達展望臺，從那裡可以俯瞰箱根周邊山巒的壯麗景色。

館內還設有多個室內展館，其中最著名的是「畢卡索館」。畢卡索以立體主義作品聞名，但他的創作媒介與風格多變，涵蓋了不同時期的多種風格，傳世作品數量龐大。在這裡，可以欣賞他的油畫、拼貼畫、陶藝等作品，感受這位二十世紀藝術天才的強大創作力。

此外，藝術館內還設有溫泉足湯，遊客可以在逛累了後來此放鬆腳步，緩解疲勞。館內也有咖啡廳，提供午餐和飲品，可以一邊享受美食一邊放鬆心情。除了常設展示外，美術館還會定期舉辦各種企劃展覽，每次來訪都能發現新奇的藝術體驗。

進場門票可在入口處購買，網路預售票則會有更優惠的價格，且可以避免在現場排隊購票的時間。

[http] www.hakone-oam.or.jp ｜ [◎] 神奈川縣足柄下郡箱根町二ノ平1121 ｜ [🕘] 09:00～17:00(最後入館時間16:30；全年無休) ｜ [$] 2,000日圓 ｜ [🚃] 雕刻之森站

強羅站周邊

箱根歷史最悠久的美術館

箱根美術館

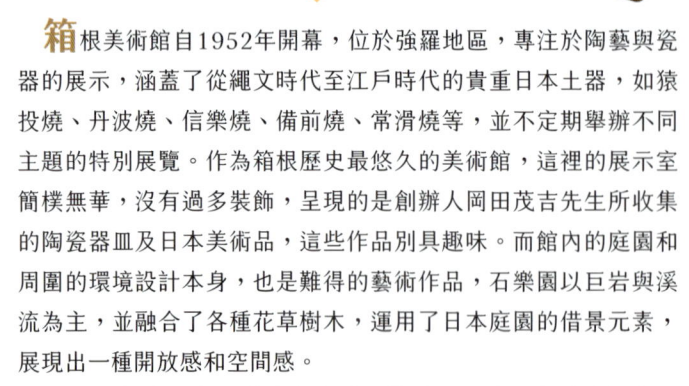

　箱根美術館自1952年開幕，位於強羅地區，專注於陶藝與瓷器的展示，涵蓋了從繩文時代至江戶時代的貴重日本土器，如猿投燒、丹波燒、信樂燒、備前燒、常滑燒等，並不定期舉辦不同主題的特別展覽。作為箱根歷史最悠久的美術館，這裡的展示室簡樸無華，沒有過多裝飾，呈現的是創辦人岡田茂吉先生所收集的陶瓷器皿及日本美術品，這些作品別具趣味。而館內的庭園和周圍的環境設計本身，也是難得的藝術作品，石樂園以巨岩與溪流為主，並融合了各種花草樹木，運用了日本庭園的借景元素，展現出一種開放感和空間感。

　館內的自然環境深受遊客喜愛，特別是那片名為「神仙鄉」的庭園，結合了大自然的山水美與精心設計的園林，宛如詩情畫意，並於2021年被指定為國家名勝。這裡的苔庭，種植了超過130種苔類和220株楓樹，四季變換的景致極具特色。春夏的綠

東京近郊 ▰ 箱根

意、秋天的紅葉,搭配著廣大的苔庭,景色美不勝收,特別是紅葉季節,吸引了大量遊客前來觀賞。苔庭旁設有茶室「真和亭」,可邊品味和菓子和抹茶,邊欣賞苔庭寧靜又優美的景致,彷彿置身於一幅生動的日本畫。這裡的氛圍與熱鬧的觀光景點截然不同,遊客不多,讓人能安靜地享受片刻的寧靜,無論是獨自一人來,還是與朋友一同賞景拍照,都非常適合。

和其他箱根地區的美術館一樣,提前在官網購票會比現場購票便宜,網路訂票還可選擇附加茶券。由於美術館位於斜坡上,建議乘坐箱根登山纜車在「公園上」站下車前往。

1.石樂園的借景造景,使庭園景色更有深度/2.在苔庭可以散步賞景,呼吸一下新鮮空氣/3.箱根美術館/4.庭園內有小橋流水,夏天時綠意盎然/5.別忘記蓋個紀念印章/6.豐富的自然環境加上四季不同的植物,為館內的庭園添上生氣/7.抹茶與隨時期變更的和菓子/8.茶室「真和亭」看出去的景色迷人

http www.moaart.or.jp/hakone | @hakone_museum_of_art_official | 神奈川縣足柄下郡箱根町強羅1300 | 4~11月09:30~16:30(最後入館時間16:00),12~3月09:30~16:00(最後入館時間15:30) | 週四、年末年初、更換展示品期間 | $ 入場費1,430日圓、抹茶券800日圓 | 公園上站

115

1.岡田美術館／2.開化亭／3.開化亭的日式氛圍令人著迷

強羅站周邊

弘揚東洋藝術美學、從古美術到現代美術的集大成

岡田美術館

岡田美術館於2013年開幕，選址在明治時代以歐美人為客群的飯店「開化亭」舊址。美術館共有五層，占地廣闊，主要展示來自日本、中國、韓國等地的貴重美術作品，涵蓋從古代至現代的各類藝術品。進入岡田美術館的過程別具儀式感，建議參觀者將所有隨身物品存放於入口前的置物櫃，手機亦不得帶進館內。購票後還需通過金屬檢測儀。

館內許多作品前都會配備電子平板，提供多語言介紹。美術館還擁有一座附設的庭園，四季更替的自然景色成為另一大亮點。初夏時節可以欣賞繡球花，到了11月則是觀賞紅葉的好時機，這部分需另外付費進入。曾經是飯店的開化亭，現在已改建為美術館的餐廳，環境幽靜且充滿和風氣息，即使不參觀美術館，也能來此享用以烏龍麵、甜點及飲品為主的簡餐。

在美術館範圍內，還設有一個足湯咖啡廳，面對的是風神雷神的巨型壁畫，遊客可以在享用咖啡的同時放鬆腳步，緩解觀展的疲勞。

岡田美術館在外國遊客中相對冷門，入場費不算便宜，但我認為絕對物超所值。對於學習設計或美術的朋友來說，這裡的選品精緻、策展有品味，無論是作品的呈現還是展覽的主題，都值得一來。對比日本其他美術館，岡田美術館的策展風格堪稱獨樹一幟，是一個值得親身體驗的藝術殿堂。

http www.okada-museum.com ｜ @oka-da_museum ｜ 神奈川縣足柄下郡箱根町小涌谷493-1 ｜ 09:00～17:00(最後入館時間16:00；12/31、1/1及展示更換期間休) ｜ 2,800日圓 ｜ 小涌谷站

東京近郊 ▎箱根

仙石原周邊
與自然共生的西洋美術館
POLA 美術館

1.採光良好，充滿自然感覺／2.從玻璃看出去便是壯觀的小塚山／3.POLA美術館的設計簡約俐落

　POLA美術館是箱根地區非常受歡迎的美術館，擁有以印象派畫家莫內、雷諾瓦等作品為核心的珍貴收藏，並且展示了來自日本國內外的藝術作品。該美術館的建築獲得了日本建築學會賞，設計理念著重於與自然的共生，建築本身大多隱藏於地下，四周被300年樹齡的巨木所環繞，形成一個與大自然融為一體的環境。館外還設有約一公里長的森林遊步道，遊客可以在這裡散步，欣賞雕刻作品、聽鳥鳴，享受大都市無法提供的自然氛圍。

　館內設有餐廳和咖啡廳，觀展前後可以在此享用午餐或輕食，還可以悠閒地品味咖啡，輕鬆度過一天。美術館的商店販售各種美術精品和設計雜貨，若喜歡藝術和設計的物品，這裡一定會讓您忍不住大買特買。

　在館藏方面，POLA美術館擁有莫內的《睡蓮之池》和雷諾瓦的《蕾絲帽子的少女》兩件重磅作品，此外還收藏了畢卡索、梵谷等藝術家的經典之作。館內不時舉辦精緻的企劃展，吸引了不少藝術愛好者的光臨。票價方面，可以在箱根湯本站購買預售票，票價相對便宜。除了搭乘巴士前往，還可以在強羅搭乘館方提供的免費穿梭車，便捷地到達美術館，穿梭車的班次可在美術館官網查詢。

http www.polamuseum.or.jp｜神奈川縣足柄下郡箱根町仙石原小塚山1285｜09:00～17:00(全年無休)｜2,200日圓｜強羅站美術館搭接駁巴士

仙石原周邊

欣賞現代玻璃藝術之美

玻璃之森美術館

　玻璃之森美術館位於箱根仙石原地區，於1996年開幕，主要展示15到19世紀在歐洲貴族中非常受歡迎的威尼斯玻璃及現代玻璃藝術家的作品，是日本第一家專門展示威尼斯玻璃的美術館。館內展示的作品包括小型玻璃作品和戶外的大型裝置藝術，並根據不同季節舉辦各種企劃展覽。威尼斯玻璃有著自古羅馬時代傳承下來的特色，手工製作且色彩繽紛。走進館內，仿佛置身於浪漫的威尼斯，精緻又艷麗的玻璃作品充滿了浪漫氣息，這些纖細的藝術品不僅深受女性喜愛，也吸引情侶與夫妻來此約會。

　館內展示分為兩個區域，一個是以19世紀後威尼斯玻璃復興後的新派藝術作品為主的「現代玻璃美術館」，另一個則是仿照歐洲宮殿建築風格設計的「威尼斯玻璃美術館」。這些作品的精緻程度與上色方法，讓人驚訝於幾百年前就能擁有如此精巧的玻璃工藝。

東京近郊 ▍箱根

1.偌大的歐式庭園，後方有大涌谷作為背景，相映成趣／2.玻璃之森美術館／3.彷如置身歐洲小鎮的庭園設計／4,5.庭園內有玻璃打造的紫藤花、櫻花樹等／6.威尼斯玻璃美術館內以歐洲宮殿式設計，富麗堂皇／7.展示各種新派的玻璃藝術作品／8.販售多種玻璃餐具及雜貨

除了室內展示場外，館內擁有一片寬敞的歐式庭園，擺放著多件玻璃藝術作品，與周圍的歐式別墅建築相得益彰。庭園隨著季節更替，會有玫瑰、繡球花等花卉盛開，遊客可以沿著遊步道慢慢觀賞。在庭園中，還可以欣賞到以大涌谷為背景的借景。湖中有一個名為「光之迴廊」的裝置藝術，掛滿了約16萬顆水晶玻璃，顯得華麗且高貴。每年冬季，館內還會設置由水晶玻璃製成的巨型聖誕樹，並在晚上進行燈光點綴，營造出截然不同於白天的氛圍，讓一年四季的參觀都充滿樂趣。

在欣賞藝術作品之餘，遊客還可以在館內的餐廳或咖啡廳稍作停留，悠閒地享用義式午餐、自家製甜點或咖啡，還會有義大利歌手現場表演。對玻璃工藝感興趣的遊客可以參加體驗工房，親手製作玻璃工藝品，包括在玻璃餐具上印上圖案、製作玻璃首飾或吊飾等。館內還設有商店，販售來自世界各地的玻璃餐具和雜貨，對於喜愛收藏食器的朋友來說，這裡絕對不容錯過。

值得一提的是，在官網提前購票會比現場購票便宜。美術館位於仙石原地區，巴士是主要的交通方式，附近還有其他幾個美術館以及人氣打卡景點「仙石原芒草原」，可以安排成同一行程前來遊覽。

http www.hakone-garasunomori.jp｜神奈川縣足柄下郡箱根町仙石原940-48｜10:00～17:30(最後入館時間17:00)｜休 冬季有休館日，詳見官網｜$ 1,800日圓｜強羅站轉搭觀光循環巴士

119

箱根溫泉體驗

在日本有名的溫泉地，體驗私人風呂

箱根溫泉以「箱根七湯」聞名，包括湯本、塔之澤、宮之下等地，逐漸成為著名的溫泉勝地。箱根擁有超過17個溫泉區，並被譽為「箱根十七湯」，是全國第五大溫泉湧出地，每天湧出的溫泉總量相當可觀。箱根的泉質種類繁多，從弱鹼性的單純溫泉，到具有高度殺菌力的酸性泉等約20種類，每一種泉水都有其獨特的療效，無論身處箱根的哪個溫泉，都能體驗到不同的泉質特色。自江戶時代起，箱根便作為湯治場盛況一時，吸引無數遊客。

箱根湯本溫泉是箱根地區最古老的溫泉，早在西元738年便開始湧湯，至今仍是箱根溫泉的核心區域，周圍的源泉與旅館數量也最多，成為箱根溫泉的象徵之一。

湯治是什麼？

豆知識

湯治是指為了治病、療養或整頓身體，在溫泉地逗留一段時間。本質上，湯治與普通的溫泉旅行不同，特別適合術後康復、體力恢復、長期疼痛或皮膚問題的患者，藉由自然治癒的力量，改善身心狀況。

在戰爭時期，湯治僅限於有權勢的人進行，庶民開始進行湯治則是自江戶時代道路整備完善後的事。當時，旅行者來到東海道路線時，通常會選擇在箱根泡溫泉，這一習慣逐漸演變成觀光資源。如今，全日本仍有許多被稱為湯治場的溫泉地。

東京近郊　■箱根

有露天風呂的私人湯屋內，備品齊全

森之湯

　　除了入住溫泉旅館，箱根還有多個可以不住宿而純粹泡湯的「日歸溫泉」設施。在箱根小涌園YUNESSUN，有可以穿著泳衣的溫泉水上樂園，也有提供裸湯體驗的「森之湯」。如果不習慣與他人一起泡裸湯，森之湯內有8個私人風呂湯屋，這些湯屋直接引流溫泉，讓人可以不受打擾，享受屬於自己的溫泉時間。這裡特別適合情侶、朋友或帶著小孩的家庭旅行一同前來享受。湯屋內的溫泉設施有內湯及露天風呂，並提供毛巾、洗浴用品、化妝水、乳液等，可以空手前來。

　　週末假日時段的湯屋特別受歡迎，每個時段通常為2小時，而早上11點的時段則為90分鐘，價格較其他時段便宜，也推薦單獨前來或是有刺青的朋友使用。部分房型最多可容納6人。與其他需要提前打電話預約的私人湯屋不同，這裡可在官網上以信用卡付款進行預約，極為方便。預約是按房間數收費，而非按人頭計算。即便是一人前來，預約可容納兩位的房間，價格也會與兩人相同。

1.私人湯屋內的露天風呂／2.湯屋內有放毛巾的地方，也有舒適榻榻米可以休息／3.備品十分齊全／4.森之湯

http www.yunessun.com/morinoyu/reserved
神奈川縣足柄下郡箱根町二ノ平1297
11:00～20:00　　兩位用5,000日圓起，依使用時間及週末假日價錢有異

大涌谷周邊

飽覽冒著白煙的壯麗火山口

大涌谷

　　前往大涌谷，遊客可以選擇在桃源台站或早雲山站乘坐箱根空中纜車，這段旅程將俯瞰美麗的蘆之湖景色。特別是在傍晚時分，陽光照射在湖面上，閃閃發亮，景色非常迷人。隨著纜車接近大涌谷時，您會發現周圍的景色冒著白煙，這是來自大涌谷火山噴發的水蒸氣。

　　抵達大涌谷站後，會立即聞到濃烈的硫磺氣味，這也是該地區獨特的氣味特徵。此外，如果天氣晴朗，有機會在站外遠眺富士山的壯麗景觀。

　　大涌谷是約3,000年前火山爆發所形成的火山谷，當時被稱為「地獄谷」，至今仍是活躍的火山區域。這裡的岩石地形荒涼且異常，地面和岩層因硫磺而變成黃色，可以清楚感受到來自地球深處的神祕力量。正是因為這裡的火山活動，箱根一帶才能開發出著名的溫泉，並成為著名的觀光勝地。大涌谷區域內還有箱根

東京近郊 ■箱根

1.大涌谷的火山景色壯觀得儼如異世界／2.乘坐纜車的人潮滿滿／3.可看到地層上一直噴出白煙，現場彌漫濃濃的硫磺味／4.煙霧彌漫，猶如進入異世界／5.來到大涌谷必試的溫泉黑蛋每袋有4個／6.大涌谷黑蛋館／7.在黑蛋館有不少特色伴手禮

地質博物館，可以通過展覽和互動體驗來了解箱根火山的歷史和魅力。

來到大涌谷，必試的名物是箱根名產的溫泉黑蛋。這些黑蛋是利用地熱和火山氣體的化學反應製作而成，經溫泉水煮熟後，鐵質附著於蛋殼上，形成獨特的黑色外觀，裡面則是普通的水煮蛋。每袋黑蛋有4顆，並附帶食鹽。據說吃一顆黑蛋可以延長7年的壽命，無論其效用如何，這仍是來到大涌谷時的吉兆。可以在大涌谷站外的黑蛋館購買，這裡總是人潮擁擠，前來購買的遊客絡繹不絕。

雖然自駕也可以前往大涌谷，但由於大涌谷一帶的道路在假日和連假期間常常會塞車，停車場的車位經常滿，且停車可能需要超過一小時，因此建議最好提前出發，避免因為交通延誤影響行程。

Tips　身體不佳的人避免前往

由於大涌谷區域的火山水蒸氣非常濃密，並且可能散發有毒氣體，因此當氣味濃烈時，這些氣體可能會對遊客的眼睛、鼻子或喉嚨造成刺激。為了確保安全，當水蒸氣濃度過高時，當局有時會暫停對公眾開放。因此，患有哮喘、心臟病或其他呼吸系統疾病的人應避免前往這一區域，孕婦和幼兒等也可能因為受到氣體影響而引發氣喘等健康問題。

owakudani.com｜神奈川縣足柄下郡箱根町仙石原1251-1｜09:00～16:00(大涌谷停車場開放時間)｜大涌谷站

蘆之湖周邊

坐遊覽船欣賞箱根經典景色

蘆之湖 & 箱根海賊觀光船

　蘆之湖是箱根地區的中心，四周被群山環抱，湖泊的形成源自約3,000年前的一次火山爆發。這片湖水是神奈川縣最大的湖泊，並且提供了難得的景觀機會，尤其在晴朗的天氣下，富士山的壯麗景色常會映入眼簾。冬季時，富士山的美景更加清晰可見，搭配鳥居與富士山交織的倒影，常讓人驚嘆不已，這也是箱根受歡迎的原因之一。

　每年夏天，蘆之湖周邊會舉行盛大的夏祭，從7月下旬～8月上旬，湖邊會舉行一系列活動，如湖水祭、例大祭和龍神祭等，並伴隨著盛大的煙火大會，煙火的數量超過一萬發，為這個季節帶來了熱鬧非凡的氛圍。這些活動通常安排在日本夏季的盂蘭盆節連假，若計畫參加，記得提前確保住宿安排。

　除了在湖畔欣賞景色，還可以選擇入住湖畔的旅館和飯店，享受更加貼近大自然的住宿體驗。蘆之湖擁有四個主要港口，

東京近郊 ◢ 箱根

遊客可以從這些港口乘坐遊覽船來回觀光。其中，箱根海賊船是最受歡迎的遊覽船之一，提供三個登船地點，分別是元箱根港、箱根町港和桃源台港。靠近箱根神社的元箱根港與箱根町港的區間，是最常被遊客選擇的航程，並且這段路程與箱根空中纜車連接，方便前往大涌谷等景點。

箱根海賊船以其華麗的船身塗裝和穩定的航行表現，在湖中行駛時十分引人注目。船內提供舒適的座位，並有戶外的展望甲板，可以讓遊客盡情欣賞湖邊風景。因為湖面平靜，不會像海上有強烈的波浪和風，乘坐過程中不會感到顛簸，讓人感到非常放鬆和愉悅。整段航程大約需要25～40分鐘，根據選擇的船型而有所不同，船內有普通艙和豪華頭等艙可供選擇，且座位是自由選擇的，想要坐到最佳的位置，建議提前排隊。

遊客可以在各大港口購票登船，若持有箱根

1.富士山與鳥居的景色，是最代表箱根的一片風景／2.在戶外甲板可以吹吹風和欣賞景色／3.箱根海賊觀光船／4.船內寬敞，可以自由選位，船內也有海賊為主題的裝飾／5.元箱根港／6.在蘆之湖也有天鵝船可以租借

周遊券，則可免費乘坐箱根海賊船，這是一個非常划算的選擇，可以更輕鬆地享受湖泊和周邊美景。

http www.hakonenavi.jp/hakone-kankosen
⏰ 09:30～17:00(依時期可能有異) ｜ $ 箱根町港至桃源台港成人票價單程1,200日圓

127

蘆之湖周邊
箱根最新遊覽船清新登場

箱根遊船 SORAKAZE

2024年2月，箱根地區新增了一條遊覽船路線——箱根遊船SORAKAZE，為遊客提供了全新的選擇。這艘遊覽船由日本設計師川西康之設計，船身採用乾淨的白色設計，外觀簡約而優雅，並以「浮於箱根蘆之湖的綠色公園」為主題。船上的戶外甲板鋪設了天然草皮，船尾還點綴著藤蔓裝飾，使船隻與湖區的自然景色和諧融合。

遊客可從箱根關所跡港、元箱根港和箱根園港搭乘這艘遊覽船。需要注意的是，箱根關所跡港和箱根町港是兩個不同的港口。船隻提供點對點的停靠服務，也有環湖的周遊船票可供選擇，環湖航程約需30～50分鐘，每天運行約10班次。

船內提供舒適的座位，包括室內和室外座位，乘客可以享受沿途的美麗風景。晴朗的天氣下，還能遠眺富士山，並欣賞箱根神社的鳥居和湖上的景色。

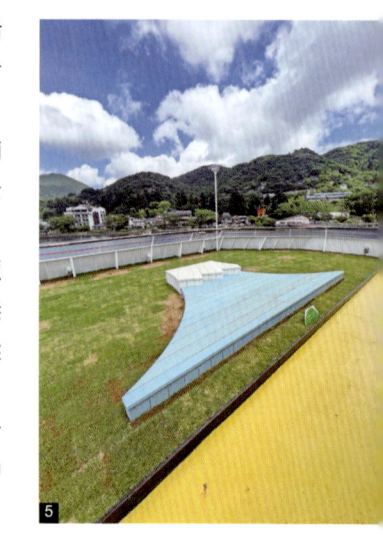

東京近郊 ▍箱根

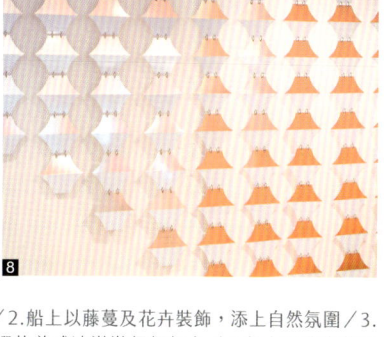

1.箱根遊船SORAKAZE／2.船上以藤蔓及花卉裝飾，添上自然氛圍／3.有富士山圖案巧克力點綴的義式冰淇淋很好打卡／4.船上可欣賞蘆之湖美景／5.富士山形狀的甲板裝飾特別適合來拍紀念照／6.除了椅子座席，也有舒適的榻榻米座席可以放鬆地坐／7.各種船上才買得到的原創伴手禮／8,9.座位、裝飾等處隱藏富士山元素

　　箱根遊船SORAKAZE的設計十分特別，船上的三樓KAZE DECK營造出像公園一樣的氛圍，區域內鋪滿草皮，還有鞍韉座椅以及富士山形狀的甲板，為乘客提供一個既舒適又有趣的體驗。四樓的SORA DECK則提供開放的戶外視野，讓乘客享受視角無障礙的湖景和清新的風。

　　船內的設計也非常注重細節，原本可容納700人的船隻經過調整，將座位數減少至550人，以提升舒適度。椅子和裝飾融入了富士山和箱根的在地特色，並運用了箱根的傳統工藝——箱根寄木細工，特別是六角麻之葉紋樣。船內處處可見富士山圖案，設計充滿巧思和當地文化元素(詳情請見P.121)。

　　在一樓的賣店，遊客可以購買到富士山造型餅乾、精釀啤酒、冰淇淋等獨特的小吃和伴手禮，這些商品只有在箱根遊船SORAKAZE上才能找到。由於該船也與箱根園港相連，乘客可以方便地前往搭乘駒之岳纜車，並前往箱根元宮。

　　若打算搭乘遊覽船，建議可以在售票處購票，或者事先在官網上預訂船票，這樣還能享有更優惠的價格。在連假等旅遊高峰期，提前預約更是明智的選擇。

www.hakone-yuransen.jp/sorakaze
09:20～16:00(依時期及出發港口可能有異)
來回成人2,000日圓

蘆之湖周邊
前往天空的社殿，坐纜車出發空中散步
箱根元宮、駒之岳

　從蘆之湖畔的箱根園出發乘坐纜車，可以快速到達箱根駒之岳，僅需七分鐘便能抵達標高1,356公尺的山頂。乘坐纜車時，可以在高空中欣賞壯麗的景色，俯瞰蘆之湖的美麗風光，有時甚至能遠眺富士山。日本人崇敬大自然，駒之岳自古以來便是山岳信仰的重地，山頂上設有箱根神社的奧宮「箱根元宮」，也被稱為「天空的社殿」，下纜車步行5分鐘便能到達。

　箱根元宮於1964年由西武集團創辦人堤康次郎捐獻重建，朱紅色的社殿矗立於山頂，擁有獨特的存在感，尤其以祈求心願成真和戀愛運為人熟知，吸引了眾多遊客前來參拜。受火山地理影響，山頂少有樹木，這使得社殿更加顯得孤高。社殿周圍至今保留著許多古代石塊遺跡，不僅保留了原始風光，也讓人感受到這裡的神祕力量。

　駒之岳山頂的地勢較高，即使在夏季，這裡的氣溫也比市區涼

130

東京近郊 ▰箱根

1.箱根元宮／2.馬降石傳說是乘著白馬的神明降臨的岩石／3.宮司不是每天都會在場,這天難得地求得了現場書寫的御朱印／4.乘坐纜車的途中可俯瞰蘆之湖景色／5.朱紅色的大鳥居與藍天形成強烈對比／6.山頂的遊步道十分好走,但沒有遮蔽物,陽光特別猛烈／7.山頂荒涼的岩石及遺跡／8.在山頂也有販售各種箱根伴手禮／9.山頂氣溫比平地低幾度

爽,與平地相比低了幾度。一下纜車便能感受到明顯的溫差,盛夏時節非常適合來此避暑,但仍建議準備防曬。可以在駒之岳山頂繞著展望廣場和箱根元宮散步,約30分鐘即可完成。山上的天氣多變,即使山底天氣良好,到了山頂也有可能遇到霧霾影響視線。天氣晴朗時,能夠遠眺駿河灣、富士山、湘南地區,甚至是伊豆七島,也能一覽蘆之湖與箱根街景。山中的散步道十分輕鬆,建議穿著舒適的鞋子。

箱根元宮在箱根眾多景點中並不算最為熱門,且因只能乘纜車前往,這裡相對較為寧靜,適合靜心享受安逸的氛圍。如果時間充裕,可以與箱根神社和九頭龍神社一同參拜,體驗箱根三社巡禮。

www.princehotels.co.jp/amuse/hakone-en/ropeway｜神奈川縣足柄下郡箱根町元箱根139｜09:00～16:30(16:50最後一班下山)｜來回成人1,800日圓

131

蘆之湖周邊

箱根景點第一名、朝聖湖邊平和鳥居

箱根神社

　　箱根神社創建於奈良時代初期，至今已有超過1,200年的歷史，擁有豐富的歷史與文化價值。這座神社不僅收藏了多件文化財，還以其位於蘆之湖畔的朱紅色大鳥居和富士山的壯麗景色成為象徵性景點。每年吸引大量國內外旅客來此拍照留念，可以說是來到箱根的必訪景點之一。

　　箱根神社在歷史上曾受到多位戰國武將，如德川家康等的尊敬。隨著東海道的開通與箱根路的整備，越來越多來自日本各地的信徒前來祈求運氣、除厄、平安、交通安全等，甚至成為了商業興旺的象徵。神社的周圍環繞著大自然，從入口處走到本殿需要登上89級樓梯，象徵著「厄落とし」（除厄）──「厄」的日文發音正好與89相同。参道兩旁生長著超過600年樹齡的杉樹，散步在這裡彷彿能感受到天然的靈氣。

　　此外，箱根神社供奉著蘆之湖的守護神──九頭龍大神，本殿

132

東京近郊 ■箱根

1,2,4.平和鳥居／3.神社的御本殿／5.道兩旁的巨大杉樹使整個環境充滿綠意／6.九頭龍神社／7.參拜的人可把龍神水舍的水帶回家，祈求好運／8.箱根神社御守

旁設有九頭龍神社新宮，被認為是結緣靈驗的神社，遊客可在此同時參拜。新宮旁的龍神水舍有九個龍頭，每個龍頭流出的水被稱為龍神水，是從箱根山湧出的靈水，據說具有潔淨身心、提升戀愛運以及家內安全和開運的功效。遊客常帶著瓶子來裝水，且現場有售賣寶特瓶，每瓶售價100日圓。

在社務所，遊客可以購買御守、御朱印等紀念品，作為旅行的美好回憶。靠近蘆之湖的一側，有一座位於水中的平和鳥居，它是一個優雅的水中鳥居，並且是箱根的代表性景觀之一。這座鳥居建於1952年，當年正值明仁天皇立太子之際，也是舊金山對日和平條約簽訂的紀念。想要拍攝鳥居的正面，可以乘坐蘆之湖的遊覽船。目前平和鳥居是箱根的熱點景點，尤其在平日也經常有眾多遊客前來拍照，若想避開人潮，建議提早前往。

不少信徒會選擇參拜九頭龍神社本宮與位於駒之岳山頂的箱根元宮，這兩個神社合稱為「箱根三社參拜」，被視為增加運勢與求得更好利益的方式。

http hakonejinja.or.jp ｜ 神奈川縣足柄下郡箱根町元箱根80-1

133

> 蘆之湖周邊

日本畫專門美術館、箱根美景盡收眼底

成川美術館

　　成川美術館自1988年開館，位於元箱根地區，專注於展示戰後現代日本畫，館內擁有超過4,000件作品，其中不乏畫家山本丘人的代表作，並且每年進行三次的展示替換，未設有常設的日本畫展。這樣專注於日本畫的美術館相對罕見，因此成川美術館為參觀者提供了一個與其他場所截然不同的觀展體驗。該館距離著名的箱根神社僅幾步之遙，周圍環境安靜、沉穩，讓人更能專注於藝術的享受。

　　展覽的日本畫不僅包括知名畫家的作品，館方也會挑選年輕有為且具潛力的畫家進行展示，並有些作品是館方特意委託畫家創作，這些獨一無二的作品在館內才能欣賞到。即使有人對日本畫有「古舊」的印象，現代日本畫吸收了多種不同的技法與風格，在成川美術館，參觀者可以近距離觀賞作品，感受其細膩且婉約的情感，甚至筆觸都能清晰可見。館內還展示了日

東京近郊 ■ 箱根

本畫所使用的畫筆與畫具，讓人更深入了解日本畫的歷史與傳統魅力。

美術館內的另一大亮點是展望空間，長達50公尺的玻璃窗讓人可以一覽蘆之湖及富士山的壯麗景色，這樣的景觀彷彿是一幅巨型的日本畫，無疑是館內最受歡迎的拍照打卡地點。館內也設有「季節風」咖啡廳，從這裡可以眺望到蘆之湖的美景，偶爾還能見到海賊觀光船經過，是箱根最美的咖啡廳之一。咖啡廳提供簡單的輕食與甜點，讓人一邊享受精緻的茶具盛載的咖啡，一邊欣賞箱根的壯麗景色。

此外，館內商店還出售東山魁夷、平山郁夫等著名畫家的複製畫、畫集及明信片等紀念品。如果你尚未細細欣賞過日本畫，這裡無疑會是讓你愛上日本畫的起點。為了能夠享受一

1.遠眺富士山、箱根神社大鳥居以及蘆之湖的無敵景色／2.成川美術館也設有戶外庭園／3.可在咖啡廳內優雅地品嘗甜點蛋糕及咖啡／4.設有大型玻璃窗的展望空間／5,6.展示了製作日本畫的顏料，商店內也有多種原創商品／7.專注於日本畫的美術館

個平靜又寫意的藝術時光，我特別建議在美術館開門的清晨來訪，那時遊客較少，可以專心欣賞藝術，享受這片寧靜的文化空間。

http://www.narukawamuseum.co.jp ／ 神奈川縣足柄下郡箱根町元箱根570番 ／ 09:00～17:00(全年無休) ／ 1,500日圓

135

FOOD

箱根必去麵包店，在咖啡廳吃早午餐賞湖景

Bakery & Table

www.bthjapan.com ｜ 神奈川縣足柄下郡箱根町元箱根9-1 ｜ 咖啡廳09:00～17:00(最後點餐時間16:30) ｜ 1,000～2,000日圓

　位於元箱根地區的Bakery & Table是一間非常受歡迎的麵包店，擁有三層樓的空間，提供不同層次的用餐體驗。店外設有足湯座位區，顧客可以一邊享受蘆之湖的溫泉泡腳，一邊品嘗茶飲和冰淇淋，這種悠閒的享受真的是難得的體驗。

　一樓是麵包店，擺滿了各種新鮮出爐的麵包，香氣四溢，令人忍不住想品嘗每一種。我特別推薦他們的咖哩麵包，外皮炸得金黃酥脆，內餡是濃厚的咖哩，還有一顆完整的水煮蛋，簡單卻充滿美味。還有紅豆奶油麵包，濃郁的紅豆餡夾著一整片奶油，香甜可口，最適合搭配咖啡一起享用。

　麵包不僅可以外帶，顧客還可以選擇在二樓的咖啡廳或三樓的餐廳用餐，條件是每人需至少點一杯飲料。飲料選擇包括咖啡、丹那牧場牛乳、足柄茶和各種特飲，十分多樣化。三樓的餐廳則提供精緻的手沖咖啡、蛋糕、三明治、咖哩等餐點，食物和飲品質感都很高。

　在樓上咖啡廳用餐時，還能享受蘆之湖的美麗景色，讓人心曠神怡。假日的時候，這裡通常會有不少人排隊，建議提早預留時間前往。

1.可在店內咖啡廳享用麵包／2.紅豆奶油麵包是我其中一個推薦／3.咖哩麵包內有一整隻水煮蛋，這是我每次都會買的／4.店內麵包種類多樣，可以外帶也可以內用

136

東京近郊 / 箱根

FOOD

強羅站附近的人氣咖啡廳
COFFEE CAMP

http: coffeecamp-hakone.com | @coffeecamp.hakone | 神奈川縣足柄下郡箱根町強羅1320-261 | 08:00～16:30 | 休 週三 | $ 1,000～2,000日圓

位於箱根登山電車終點強羅站附近的COFFEE CAMP，雖然在2021年才開幕，但已迅速成為箱根地區數一數二的知名咖啡廳。店內以舊建築重新修繕並活化，巧妙融合了混凝土、木材和綠色植物的設計元素，營造出一個舒適且具有特色的空間，座位之間保持一定距離，讓顧客能夠享受悠閒的氛圍。甚至連桌子都是店主親自製作的，展現出對細節的用心。

店內的咖啡豆由二樓的焙煎所自行烘焙，咖啡的酸味與苦味達到恰到好處的平衡。除了現煮咖啡，顧客也可以購買到新鮮烘焙的咖啡豆。箱根地區以溫泉旅館著稱，卻較少有適合早餐的場所，而COFFEE CAMP則是少數在早上八點就開門的店家，提供豐富的餐點選擇，從早餐、午餐到甜點應有盡有。蛋糕由店員手工製作，品質上乘。從開門到關店，這裡始終客源不斷，且不少店員懂得基本英語，溝通也毫無障礙。

此外，部分座位提供電源，店內也能連接Wi-Fi，適合需要工作或學習的顧客。舒適的環境和美味的餐點與咖啡，很推薦遊客前往。

1.來到這裡也必定要試下由店員製作的甜點／2.以自家焙煎咖啡豆製作的拿鐵香滑順口／3,4.三明治、咖哩等餐點美味可口／5.COFFEE CAMP門口

137

FOOD

一位難求的強羅名物炸豆腐排定食

田むら銀かつ亭

http: ginkatsutei.jp ｜ 神奈川縣足柄下郡箱根町強羅1300-739 ｜ 11:00～14:30、17:00～19:00 ｜ 休 週三；週二僅有午餐 ｜ $ 2,000～2,000日圓

好吃，必點

　　強羅車站附近這家以炸豆腐排定食聞名的日式餐廳，是當地日本人與外國遊客間都非常受歡迎的老字號，也是許多人來到箱根必排入行程的餐廳。自1973年開業以來，這裡一直以其獨特的炸豆腐排定食吸引著食客。店內所選用的豆腐是來自強羅名店手工製作的「銀豆腐」，口感滑嫩且帶有濃郁豆香。豆腐中夾入國產豬絞肉後進行油炸，並放入土鍋中與雞蛋一同燉煮，再加入由鯖魚熬製而成的高湯與蔥的甜味，炸豆腐的外皮吸滿了湯汁，外觀看起來像炸豬排，吃起來熱騰騰且與白飯相當搭配，成為強羅地區的名物美食。定食除了炸豆腐排，還會配有味噌湯與漬物，另有配前菜與甜點的豪華版御膳。

　　餐廳距離強羅站步行幾分鐘即可到達，店內營造出沉穩的日式氛圍，提供桌席與榻榻米座位，也有提供中文菜單。由於店內人潮眾多，通常一開門便會大排長龍，因此不接受預約，店家設有自動發券機，顧客可以先拿到候位票，在店外的座位等待叫號入座。餐廳分為新館與舊館，舊館就位於新館對面，專門提供炸豆腐排餐點。如果新館沒有座位，想嘗試炸豆腐排的顧客也可以前往舊館碰碰運氣。

1.每人必點的炸豆腐排定食／2.店鋪外觀是傳統的日式建築／3.店內貼滿名人簽名／4.豆腐排之間夾著豬絞肉一同油炸後燉煮

東京近郊 ▲ 箱根

河畔的人氣蕎麥麵名店
はつ花 本店

FOOD

http hatsuhana.co.jp｜神奈川縣足柄下郡箱根町湯本635(湯本橋際)｜10:00～19:00｜週三,如遇假日則改隔日休｜$ 1,000～2,000日圓

位於箱根湯本早川河畔的「はつ花」,距離車站步行僅需5分鐘,創業於1934年,是當地非常受歡迎的老字號蕎麥麵店。店內的特色是使用自然養法種植的自然薯(山芋的一種),並以獨家方法將其製作成薯泥,用來製作蕎麥麵。這款蕎麥麵不僅口感清爽、營養豐富,含有多種礦物質與維生素,全年皆適合享用。

店內提供冷蕎麥麵與熱蕎麥麵,我特別推薦冷的蒸籠蕎麥麵。這款蕎麥麵不添加水來製作,單吃蕎麥麵可以品嘗到原本的香氣與甜味,加入自然薯製作的麵條口感更具彈性與嚼勁,且不會因為放久而變軟。搭配特製醬汁,這醬汁使用山藥、生雞蛋黃和鰹魚高湯,簡單卻美味,與蕎麥麵完美搭配,讓人一口接一口,瞬間就能吃光一盤。店內還有提供其他餐點,如天婦羅蓋飯等,選擇多樣。

由於這是一家非常受歡迎的餐廳,需在門外的記名板上登記並等待店員引導入座。作為山芋蕎麥麵的元祖店家,如果有機會來到箱根,一定要來試試這家歷史悠久的店。

1.把蕎麥麵沾上山藥、蛋黃的祕製醬汁同吃／2.蒸籠蕎麥麵／3.店鋪內總是滿滿客人非常熱鬧／4.坐靠窗邊的位子的話可以看著河岸景色用餐／5.就位於清流早川旁邊,有本店跟新館兩家店

はつ花 新館

SHOP

法國麵包脆餅，香脆可口的必吃推薦

GRANDE RIVIERE

神奈川縣足柄下郡箱根町湯本704 | 10:00～17:00

在箱根湯本車站周圍，必買的伴手禮之一就是來自仙石原的GRANDE RIVIERE推出的招牌商品——法國麵包脆餅「箱根RUSK」。這款脆餅在箱根的各大商店都能找到，製作過程是將麵包切片後烤至酥脆，再配上各種口味，無論是鹹味還是甜味的口感都很受歡迎。店內提供試吃服務，顧客可以先品嘗後再決定購買。

在眾多口味中「杏仁與焦糖醬RUSK」非常受推崇，口感豐富，香甜且酥脆，無論自己享用還是送人都很合適。而且每件脆餅都獨立包裝，分送給不同的人也非常方便。至於鹹味口味的推薦是羅勒口味，以羅勒和橄欖油調味，吃起來輕盈且不會過於油膩，特別適合不喜歡甜食的人，也非常適合作為濃湯的搭配。

除了單包的袋裝版本，店內還有精美的綜合盒裝，非常適合作為伴手禮，無論是自用還是送人都很有誠意。

1.左邊的是箱根RUSK，右邊的仙石RUSK是一口尺寸／2.可以先品嘗後再決定購買／3.杏仁焦糖口味是人氣第一名

SHOP

箱根代表的湯麻糬

ちもと

神奈川縣足柄下郡箱根町湯本690 | 09:00～17:00

麻糬與和菓子

湯麻糬是神奈川縣指定的箱根銘菓，外形呈三角形，內部是由麻糬包裹著切碎的羊羹，象徵著清流早川的岩石。這款湯麻糬的味道融合了柚子的清香與蜜柑的清甜，麻糬則選用國產糯米製作的白玉粉，質地柔軟，讓人聯想到泡過溫泉後嫩滑的肌膚。這款湯麻糬特別適合作為午後茶點心，與茶搭配更是絕妙。

店鋪位於箱根湯本，步行約5分鐘即可到達。除了湯麻糬外，店內還有各式各樣的點心販售，然而需要注意的是，店內的生菓子保存期限較短，若想當作伴手禮，最好在旅行期間享用。如果有計畫帶回國，記得仔細確認賞味期限。

東京近郊 ▎箱根

箱根地區限定面膜
LuLuLun

如果來日本旅行時逛藥妝店，相信你對這款擁有眼睛圖案包裝的面膜不會陌生。Lululun面膜在日本的各大旅遊勝地推出了限定包裝和商品，其中在箱根就有一款繡球花香的面膜。這款面膜加入了繡球花精華，具有保濕效果，包裝上則描繪了繡球花和箱根登山電車的可愛圖案，非常具有地方

1.箱根限定販售的繡球花面膜，在別處找不到／2.另一款限定的玫瑰香味面膜

特色。此外，還有箱根限定的玫瑰香護手霜，是送給親友的絕佳選擇，在箱根多家包括車站內的伴手禮商店都容易找得到。

新世紀福音戰士必朝聖！限定商品滿載
箱根湯本 えゔぁ屋

http: evastore2.jp/eva-ya ｜ 神奈川縣足柄下郡箱根町湯本字白石下707-1 ｜ 09:00～18:00 ｜ 不定休

如果是資深日本動畫迷，就會知道經典動畫《新世紀福音戰士》是以箱根為舞臺，箱根在作品當中以「第3新東京市」之名登場，箱根的重要景點蘆之湖、大涌谷等都曾經在動畫裡面出現。除了不時與箱根當地進行聯名活動，官方的授權商店也在2012年開幕，位置就在箱根湯本車站附近，販含多種以箱根、溫泉為主題的和風限定商品，作品的粉絲們絕對不能錯過。

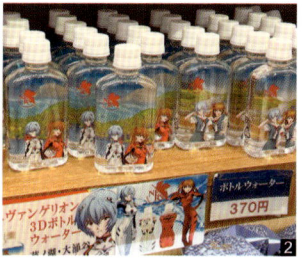

另外，除了官方商店，在箱根不少伴手禮商店也有機會找到《新世紀福音戰士》的伴手禮，如初號機、綾波麗造型餅乾、茶杯等。

> **箱根是日本文化作品聖地** 豆知識
>
> 　　箱根除了在古時啟發了浮世繪畫家外，明治、大正時期的文學家如川端康成、夏目漱石等也常到箱根避暑及取材，現代日本的電影、電視劇等均有以箱根作為靈感及舞臺，包括以每年年初舉行的箱根驛傳賽事為藍本、作家三浦紫苑的小說《強風吹拂》等當中也有箱根的存在。箱根不但是日本溫泉文化的象徵，也是不少日本人對於溫泉旅行的情感投射。

1.初號機形象的零食伴手禮／2.各種箱根限定商品

141

橫濱有著日本三大中華街之一的橫濱中華街，作為港口促進了近代日本現代化的發展，保留不少洋式歷史建築，現在作為海灣城市，也是神奈川縣最大的都市，不僅是時尚跟浪漫的代名詞，也多次獲得日本人最想居住的城市第一名榮譽。從東京市區出發至橫濱只需約半小時，很適合安排一日遊行程。

橫濱

YOKOHAMA

橫濱地圖

東京近郊 ▎橫濱

前往橫濱
的交通方式
Let's Go

東京 ⟷ 橫濱
Tokyo　　Yokohama

從東京前往橫濱的交通方式多樣且便利，可以根據出發地點選擇最適合的路線。從東京站出發，可以搭乘 JR 橫須賀線或東海道本線，約 30 分鐘即可抵達橫濱站；從新宿站則可以選擇 JR 湘南新宿線，同樣約 30 分鐘抵達。此外，從澀谷站出發，可搭乘東急東橫線，車程約 25 分鐘。抵達橫濱站後，若要前往元町‧中華街，可轉乘港未來線，約 9 分鐘即可抵達。無論從東京哪個地點出發，橫濱的交通網絡都十分發達，適合當日來回或深度遊覽。

橫濱幾乎是位處日本列島的中心地帶，從東京出發的交通網四通八達，足足有 6 條電車路線往來，最快只需約半小時就可以到達。從東京都內主要車站包括東京、新宿、池袋、澀谷、上野及品川出發，無需換車就可以直達橫濱，地理位置十分方便，而且來回鎌倉或羽田機場一樣便捷，很適合作為東京近郊一日遊或是住宿據點。

東京出發

從東京車站出發至橫濱，有 JR 東海道線、JR 京濱東北線及 JR 橫須賀線三條路線可以選擇，乘坐 JR 的車費同樣是 490 日圓，同樣無須換車，乘坐東海道線或橫須賀線其實沒有太差別，京濱東北線則比較慢 10 分鐘左右，使用手機地圖或是 APP 查看哪一台最快發車，就上那一台也不會差太多。

池袋出發

從池袋出發至橫濱的交通方式比較多元，如果同時會前往川越、日光等景點，住宿池袋也是個好選擇。乘坐電車的話可以坐 JR 湘南新宿線，而東京地下鐵副都心線的直通列車不但可直達橫濱，總站更直接開到「元町‧中華街」，非常方便。

從東京主要車站出發

東京站	澀谷站	新宿站
JR 橫須賀線或東海道本線 約 30 分鐘	東急東橫線 約 25 分鐘	JR 湘南新宿線 約 30 分鐘
橫濱站		
港未來線，約 9 分鐘		
元町‧中華街		

製表：米克

143

新宿出發

從新宿出發最方便的路線是 JR 湘南新宿線，無須換車，只需 30 分鐘就直達橫濱。

澀谷出發

由澀谷出發乘坐東急東橫線至橫濱，約 30 分鐘就可以抵達，是眾多路線當中最便宜又快的交通方式，同時直通列車也直接開到港未來線「元町・中華街」站。從地下鐵副都心線開始，一次連接著池袋、新宿三丁目、明治神宮前(原宿)、澀谷至橫濱，是十分方便的路線，沿線購物商場選擇眾多，也途經時尚的代官山與自由之丘，特別適合愛購物的朋友。

品川、淺草出發

從品川出發，乘坐京急線的快速特急列車到橫濱只需約 18 分鐘，坐 JR 的話也可以坐京濱東北線、東海道線或橫須賀線，因為時間實際不會差太遠，如果已持有 JR Pass 的話必然是乘坐 JR 電車。雖然從品川乘坐東海道新幹線的下一個站就是新橫濱，但車資昂貴也往處郊區，前往本書所介紹之景點也需轉乘其他路線，一般只推薦坐普通列車。

How to 購買去橫濱的交通 Pass

東京廣域周遊券

東京廣域周遊券可在 3 天內不限次數乘坐指定範圍內的普通列車、特急列車、新幹線等，可使用區間包含橫濱。視個人的行程安排，如果是以橫濱為據點，會去輕井澤或日光等東京近郊地區的話可考慮購買，但需注意東海道新幹線的新橫濱站，並不包含在使用範圍內。詳情請見 P.17。

Tips　橫濱距離羽田機場超近

如果是由羽田機場入出境，橫濱很適合作為旅行的第一或最後一站，從羽田機場乘坐巴士只需約 30 分鐘就到達橫濱車站、港未來地區，每小時約有 3 班車，也能運載大件行李，特別適合住宿在橫濱的朋友乘坐。

從淺草、押上或日本橋出發，同樣可乘坐都營淺草線直通京急線列車前往橫濱。

直通至元町中華街的列車

候車時月臺的地下也會有標示等候位置

東京近郊 ▮ 橫濱

橫濱市區的移動方式 Let's Go

　橫濱市區內有多種交通工具運行，包括JR、橫濱地下鐵以及觀光客最常使用到的港未來線，也有觀光巴士、水上巴士，以及同時作為景點的新交通工具「YOKOHAMA AIR CABIN 橫濱空中纜車」等。橫濱車站是個大車站，而且與SOGO、高島屋等幾個百貨公司相連，無須走出室外也能逛街，遇上雨天或壞天氣也不用擔心。

　港未來線主要分為各停、急行及特急列車，特急列車只停靠「橫濱」、「港未來」及「元町・中華街」站，要前往其他車站則需要換乘各停或急行列車。「S-TRAIN」則是假日行駛的全車指定席列車，因為需購買指定席券較為不划算，應避免乘坐以免被收取額外費用。在沿線車站的自動售票機也可購入港未來線一日券，適合一次內會乘坐多次港未來線遊覽各景點的旅客。

港未來線

　港未來線（みなとみらい線）全線從橫濱到「元町・中華街」只有6個車站，也是橫濱最熱鬧的一條路線，因為與東急東橫線及東京地下鐵副都心線直通行駛，往返澀谷、池袋及各個重要景點十分方便。去橫濱Landmark Tower及橫濱美術館可在「港未來」站下車，前往橫濱中華街及山手地區等洋館建築則可在「元町・中華街」下車。

紅鞋觀光巴士

　除了電車以外，前往橫濱合味道紀念館及紅磚倉庫等景點，乘坐紅鞋觀光巴士（あかいくつ）最適合，固定班次以逆時針循環行駛，從櫻木町站出發駛經紅磚倉庫、山下公園等地，約15分鐘一班，票價統一為220日圓。每逢假日乘客特別多，車廂內會較為擁擠，建議先拿好零錢或加值好IC卡準備下車。

急行列車將跳過某幾個車站，可從電子屏幕上確認自己將乘坐的車型

紅鞋觀光巴士

145

穿越高樓大廈之間的空中散步、最新人氣纜車

YOKOHAMA AIR CABIN 橫濱空中纜車

　YOKOHAMA AIR CABIN 橫濱空中纜車於2021年4月，在疫情期間正式啟用，是日本首座設置於城市中心的空中纜車。纜車起點位於JR與地下鐵櫻木町站附近，終點為運河公園站，搭乘纜車前往橫濱合味道紀念館、紅磚倉庫等海灣地區景點相當便利，且兩站皆可上下車。纜車與周邊都市景觀相互融合，不僅增添橫濱的現代感，也讓市區移動更具觀光價值。

　纜車全長約630公尺，最高可達40公尺，途中跨越人氣散步路線汽車道，單程行駛時間約5分鐘。沿途可飽覽橫濱市區、港未來地區的街景，欣賞運河與海灣美景，無論白天或夜晚，都宛如在空中漫步一般。雖然票價不算便宜且搭乘時間較短，但無論是情侶約會、親子出遊，都是別具特色的體驗。

　從櫻木町站東口步行即可抵達纜車站，車票可於自動售票機或人工售票窗口購買，提供單程票與來回票選擇。進站時，掃描車票上的QR Code即可搭乘。抵達運河公園站後，步行至橫濱

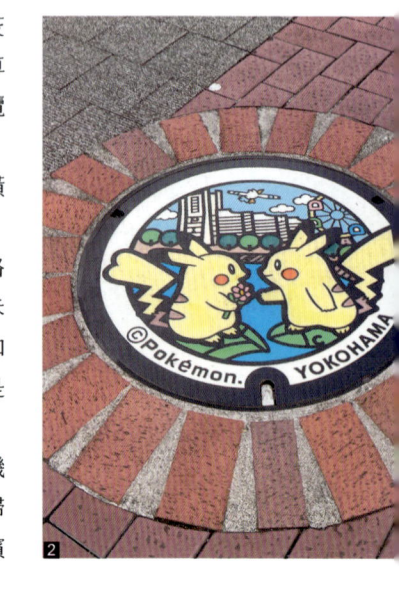

東京近郊 ■橫濱

1.YOKOHAMA AIR CABIN 橫濱空中纜車／2.纜車站前的廣場有皮卡丘人孔蓋／3.工作人員會帶領上車／4.從櫻木町站出來便會看到搶眼的纜車站／5.自動售票機購票／6.以QR Code感應車票進閘口／7.短短5分鐘的行程讓人意猶未盡

World Porters商場或紅磚倉庫僅需數分鐘,大幅減少步行與等車的時間,特別適合雨天或天氣不佳時使用。若預算充足,建議購買來回票,回程時可選擇步行至櫻木町或港未來線車站,沿途欣賞橫濱夜景,別具風情。

營業時間內,纜車共有36台車廂循環行駛,每台最多可乘坐8人。雖然進站時可能需排隊,但每組乘客可獨享一個車廂,無需與陌生人共乘。車廂採全景玻璃設計,可360度欣賞景色,並配備空調設備,相當舒適。此外,車廂採用無障礙設計,嬰兒車及輪椅皆可輕鬆進入。白天與夜晚的景色各具特色,特別是夜間乘坐,更能從獨特視角欣賞橫濱璀璨夜景。

假日乘客較多,可能需要排隊購票與搭乘,建議預留充足時間。纜車會不定期休業,每月設有檢修日,出發前建議先至官方網站確認行駛日程,以免行程受影響。

http yokohama-air-cabin.jp ｜ 神奈川縣橫浜市中區新港2-1-2 ｜ 平日10:00～21:00、週末10:00～22:00 ｜ 不定休 ｜ $ 單程1,000日圓、來回1,800日圓

147

1,2,3.橫濱紅磚倉庫／4.從櫻木町站出來便會看到搶眼的纜車站／4,5.館內有各種餐廳,也有售賣特色商品的店鋪,伴手禮、扭蛋、紀念品等選擇眾多,很適合來尋寶購物／6.眺望橫濱摩天輪的戶外走廊

橫濱的象徵風景

橫濱紅磚倉庫

　想貼近橫濱的代表性風景,不可錯過橫濱紅磚倉庫。這座建築始建於明治末期至大正初期,原為稅關倉庫,至今已有百年歷史,當時主要用於存放菸草、洋酒等進口物資,是日本接受西方文化的重要據點。如今,紅磚倉庫已搖身一變,成為融合歷史與文創氣息的觀光勝地,也是神奈川縣百大建築之一,吸引無數旅人前來探訪。

　過去,紅磚倉庫曾是實際運作的倉庫,二戰期間更作為軍事物資補給基地。隨著新港口與貨櫃碼頭的興建,倉庫的使用率逐漸降低,一度面臨拆除命運。然而,因日劇取景而受到矚目,當地政府決定保留並進行長達9年的修復工程。2002年,紅磚倉庫一號館以保留歐式建築風格的觀光景點重新開幕,成為日本知名的旅遊地標,每年吸引超過600萬名遊客造訪。2022年12月,經過翻新後再次亮相,以全新面貌迎接國際旅人。

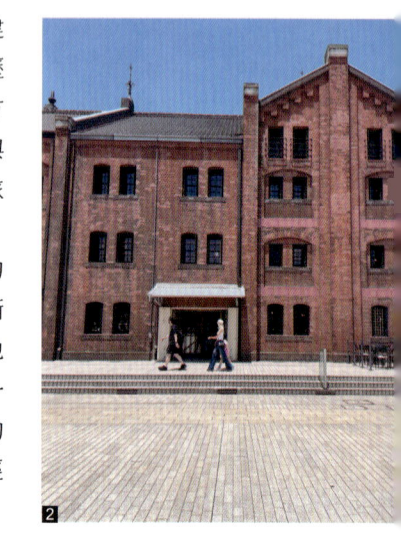

東京近郊 ■ 橫濱

紅磚倉庫位於海岸旁,在林立的高樓之間獨具復古韻味。白天映襯藍天海景,夜晚則在暖橘色燈光點綴下展現不同風貌,與摩天輪及港未來夜景相映成趣。周邊設有廣場、草地與公園,特別受到情侶青睞,悠閒漫步之餘,也能欣賞海港風光與停泊的船隻。

紅磚倉庫分為一號館與二號館,館內匯聚超過60間商店,涵蓋餐廳、酒吧、美食廣場、咖啡廳、特色伴手禮及家居用品店等,並設有可遠眺城市景觀的戶外走廊。這裡雲集橫濱人氣店家,如崎陽軒燒賣、bills等,是用餐與購物的理想地點,也適合悠閒地度過半日時光。此外,紅磚倉庫擁有多功能戶外活動場地,每年舉辦各類主題活動,如夏季啤酒節、冬季聖誕市集、室外溜冰場等,讓人彷彿置身於歐洲港灣小鎮,沉浸在熱鬧又浪漫的氛圍中。

造訪港未來地區時,不妨將橫濱紅磚倉庫、合味道紀念館排入同日行程,既方便又充實,特別適合初次造訪橫濱的旅客。

www.yokohama-akarenga.jp | 神奈川縣橫浜市中區新港1-1 | 一號館10:00～19:00、二號館11:00～20:00(營業時間依店鋪各異)

149

1.模擬當時安藤百福研發雞湯拉麵時的環境／2.在展覽室內以泡麵外盒拼成巨大的牆／3,4,8.合味道紀念館／5.在「我的合味道工廠」製作獨一無二的杯麵／6.親自挑選配料,由工作人員幫忙包裝處理／7.各種限定商品

見證創意誕生,改變世界的速食麵
橫濱合味道紀念館

1958年,日清食品公司創辦人安藤百福發明了世界上首款「只需熱水沖泡即可食用」的速食麵——「雞湯拉麵」。這項發明迅速成為暢銷商品,深刻影響了日本的飲食文化,讓人們的生活更加便利。

後來,安藤百福赴美考察時,發現當地人會將雞湯拉麵壓碎後放入杯中,沖入熱水並用叉子食用。這讓他意識到,突破飲食習慣的界限是讓速食麵走向全球的關鍵。因此,他經過反覆研究包裝與保存方式,最終研發出家喻戶曉的「合味道杯麵」。

橫濱合味道紀念館於2011年開幕,館內介紹速食麵誕生至今超過60年的歷史與發展變遷。透過動畫與模型,生動呈現安藤百福在研發過程中所面臨的挑戰,以及創造性思考的重要性。從一家小公司成長為國際知名品牌的歷程,令人印象深刻。展覽室內,排列著歷年來銷售過的泡

東京近郊 ▰ 橫濱

麵，形成一面壯觀的「杯麵外盒牆」，壯觀之餘又讓人感動。

館內最受歡迎的體驗活動，莫過於「我的合味道工廠」，遊客可購買專用杯，親手繪製獨一無二的包裝設計，並自由搭配湯底與配料，組合出多達5,000種不同口味的杯麵。最後由工作人員封裝，成為專屬個人的紀念品，無論自用或送禮都別具意義。

此外，館內還設有「雞湯拉麵工廠」(需事先預約)，以小朋友為主要對象，讓參與者親自體驗製作雞湯拉麵的過程，包括製麵、調味、乾燥與包裝等，深入了解這款世界首創速食麵的誕生過程。由於紀念館深受當地人與遊客喜愛，假日往往人潮洶湧，參與體驗活動時需有排隊的心理準備。

在紀念館內的伴手禮商店，還能購買各種合味道限定商品，如雞湯拉麵吉祥物「小黃雞」的周邊商品等。門票可在LAWSON便利商店的售票機購買，但費用與購票方式可能會有所變動，建議事先確認。

館內視覺設計由知名設計師佐藤可士和擔任創意總監，無論是空間規畫，品牌呈現，還是細節上的巧思，都令人讚嘆。對於從事創意相關工作的人來說，更是不容錯過的靈感之地。

www.cupnoodles-museum.jp｜神奈川縣橫浜市中區新港2-3-4｜10:00～18:00(最後入館時間17:00)｜週二、年末年始｜入場費500日圓、我的合味道工廠體驗500日圓

151

1.橫濱港未來景色／2.商場內店舖眾多／3.帆船日本丸公園／
4.AFURI阿夫利拉麵

横濱代表地標、眺望橫濱最美日夜景色
橫濱 Landmark Tower

　橫濱Landmark Tower高達296公尺，是橫濱地區的代表性摩天大樓。大樓內設有購物廣場，共五層樓、約160家店鋪，涵蓋多家知名餐廳、居酒屋、雜貨及品牌專賣店，並附設飯店，提供住宿選擇。

　美食方面，這裡有廣受歡迎的AFURI阿夫利拉麵、HARBS等餐廳，以及多家連鎖咖啡廳。由於為室內設施，無論晴天或雨天，都能輕鬆享受購物與美食，非常適合安排午餐或晚餐行程。從櫻木町站或港未來站步行即可抵達，交通便利。如果來橫濱玩，可以安排半天來用餐賞景及悠閒購物。

　Landmark Tower旁邊就是帆船日本丸及橫濱港博物館，白色的船體非常搶眼，與摩天輪等同為橫濱的象徵景觀，新垣結衣主演的日劇《月薪嬌妻》就曾在日本丸上拍攝，劇中也有不少場景是在橫濱取景的喔！

http www.yokohama-landmark.jp｜神奈川縣橫浜市西區みなとみらい2-2-1｜商店11:00～20:00、餐廳11:00～22:00(依店舖各異)

東京近郊 / 橫濱

飄著異國風情的童話式花園
橫濱英國花園

　橫濱英國花園在春、夏、秋三季綻放各式花卉，以精緻的英式庭園風格聞名，彷彿走進了童話故事《彼得兔的故事》(The Tale of Peter Rabbit)的場景。其中，玫瑰最具代表性，也是橫濱市的市花。園內栽種了約2,200個品種、共2,800株玫瑰，每年5月與10月迎來兩次盛開期，此時遊客最多，建議在早晨開園時前往，以避開人潮。

　4月的園內盛開約30種櫻花與鬱金香，為春日增添繽紛色彩；6月則有約300種繡球花綻放，在梅雨季節帶來生機與浪漫氛圍。

　玫瑰花園劃分不同區域，透過顏色與品種搭配雕塑、涼亭等造景，營造高貴優雅的氛圍。當春玫瑰於5月中旬盛放時，攀附於拱形門上的花朵形成一條長達50公尺的「玫瑰隧道」，

1.最人氣的玫瑰隧道／2.園方安排接送巴士往來橫濱車站／3.園內設有與玫瑰相關伴手禮的商店／4.不同的造景搭配，讓玫瑰的美變得多層次／5.多種不同玫瑰爭妍鬥麗

是園內最受歡迎的拍照景點，令人流連忘返。

　園內設有咖啡廳，並有販售園藝用品、茶具、雜貨與玫瑰相關伴手禮的商店。從最近的平沼橋車站步行約10分鐘即可抵達，此外，園方亦在橫濱車站提供免費接駁巴士，建議善加利用，讓賞花之旅更加輕鬆便利。

y-eg.jp｜神奈川縣橫浜市西區西平沼町6-1｜10:00～18:00(12～2月至17:00)｜年末年始｜1,200日圓

153

在日本庭園散步、橫濱的自然之美
三溪園

　三溪園是橫濱一座歷史悠久的日本庭園，由明治時代製絲貿易的實業家原三溪創立。從櫻木町搭乘公車約30分鐘即可抵達，園內四季景色變換多端，並保留了多座富有歷史價值的建築。其中，被指定為日本國家文化財的「臨春閣」是典雅的木造建築，極具傳統美感。春天時，園內可欣賞盛開的櫻花，冬季則以梅花聞名，與橫濱繁華的都市氛圍截然不同，能夠感受到寧靜悠遠的和風雅韻。

　漫步於園內，有時會遇見熱心的義工導覽，提供深入的歷史與文化解說。由於庭園佔地廣闊，園方貼心設有標示，指引遊客前往當季最佳觀賞點。不過，由於園內遮蔽物較少，夏季造訪時務必做好防曬準備。

　從正門進入後，映入眼簾的是三溪園的代表性景觀「大池」。無風時，湖面如同一面明鏡，倒映著遠處的三重塔，景色幽靜迷人。池畔設有座椅供遊客歇息，園內亦有三家茶屋提供餐點與飲

東京近郊 / 橫濱

1.大池與三重塔是三溪園的代表景色／2.大池周邊／3.池畔的椅子上裝有藤架，春季時藤花將盛開／4.夏季會有蓮花盛開／5.園內富有歷史的各種建築／6,7,8.旧矢箆原家住宅，意想不到是從白川鄉移築過來的茅葺屋／9.茶屋／10.茶屋提供簡樸的蕎麥麵餐點

品，讓人可以邊漫步邊悠閒品味日式風情，甚至享用午餐。

在眾多歷史建築中，「旧矢箆原家住宅」是園內唯一開放內部參觀的建築。這座茅葺屋原本位於日本著名的白川鄉，於昭和35年(1960年)遷移至此，並完整保留了過去人們的生活環境與家具，讓人彷彿穿越時光，感受舊時代的氛圍。

此外，若前往松風閣，還可遠眺橫濱港灣與工業區景色，運氣好的話，甚至能在天際線中瞥見富士山的壯麗身影。

http www.sankeien.or.jp ｜ 神奈川縣橫浜市中區本牧三之谷58-1 ｜ 09:00～17:00(最後入園時間16:30) ｜ 900日圓

山手西洋館

見證橫濱開港歷史
異國風情洋溢的洋館區

1858年，日本幕府與美國、荷蘭、英國等國簽訂了通商條約，隔年(1859年7月)，橫濱正式開港。隨著西方文化的傳入，橫濱經歷了長時間的交流與融合，逐步發展成今日充滿異國風情的都市樣貌。

開港之初，山手地區被劃為外國人居留地，外國人擁有土地租借權與建築物的所有權，這裡逐漸形成一個西洋建築與文化匯聚的區域。即使時光流轉，山手至今仍保留著當年西方人在此生活的痕跡，街道兩側的洋館與周圍的自然景觀和諧相融，隨著四季更迭展現不同風貌。

目前，山手地區擁有包括「外交官之家」、「橫濱市英國館」在內的7座歷史洋館，均受到當地政府妥善保護，並免費開放給民眾參觀，讓遊客能夠親身感受橫濱的歷史文化與西洋建築之美，可順遊旁邊的「港の見える丘公園」，悠閒享受海景及散步。相對人氣的港未來地區，山手這一帶氣氛沉穩，不會人擠人，是能好好享受慢節奏的街區，每年12月在各館內也會舉辦聖誕的慶祝活動，訂立不同國家的聖誕主題，並舉辦蠟燭之夜。

東京近郊 ◢ 橫濱

橫濱市現存少數的戰前洋館之一
山手234番館

1923年關東大地震對東京與橫濱造成嚴重破壞，山手地區的許多洋館也未能倖免。在災後重建的過程中，由朝香吉藏設計的「山手234番館」於1927年左右落成，這棟木造兩層公寓外觀設計簡約對稱，是關東大地震後西洋風住宅的典型代表。當時，建築內設有4個獨立住戶單位，主要提供給外國人居住，如今已成為橫濱市現存少數的戰前洋館之一。

二戰結束後，山手234番館一度被美軍接管，直至1980年左右仍作為公寓使用。為了保存這座承載歷史記憶的建築，橫濱市於1989年將其收購，並對內部進行修復，館內保留了當時的家具與裝潢，並展示了相關歷史資料與文物。

目前，山手234番館不僅開放參觀，也作為藝廊對外出租，定期舉辦畫展、攝影展等文化活動。

1.保存良好的室內空間處處精美／2.以前的居家設備都完善地保留了下來／3.洋館對面的電話亭也十分有特色／4.館外觀充滿對稱美，同時被自然包圍著

神奈川縣橫浜市中區山手町234-1｜09:30～17:00｜每月第四個週三、年末年始

邊欣賞窗外景色，邊品嘗甜點與咖啡

艾利斯曼邸

1.艾利斯曼邸的外觀有如繪本中的大宅／2.重現了當時的生活方式及採光良好的房間／3,4.在咖啡廳內品嘗蛋糕及咖啡，也有提供輕食

　這裡曾是瑞士商人艾利斯曼的私人住宅，由有近代建築之父之稱的捷克建築家Antonin Raymond所設計，當時是以木造設計，風格簡約、強調水平線的美學，白色襯以湖水綠的配色，現在看來毫不過時。

　1982年，由於原址將用來建設大樓，這座建築被拆除。隨後，艾利斯曼邸在元町公園的現址得以重建，並復原了當時Antonin Raymond設計的家具，重新呈現了當時的居家空間和飯廳，並展示了與山手洋館相關的資料。

　建築設計充分考慮到日本的氣候，天井高度適中，並且擁有良好的採光。原本的廚房現在被改為咖啡廳，遊客可以在這裡一邊品嘗美味的甜點與咖啡，一邊欣賞窗外的美麗景色，十分悠閒。

　在這條街道漫步，異國情緒濃厚得不覺得自己身在日本，周圍也種滿樹木，綠意盎然，在街道上也很適合在這裡拍人像照，不屬於人氣的觀光景點，但卻可以感受到不同於大都市的橫濱魅力。本書在日光篇所介紹的舊義大利大使館別墅，也是出自Antonin Raymond的設計。此外，山手地區地形多為坡道，前往這裡時，建議穿著舒適好走的鞋子。

神奈川縣橫浜市中區元町1-77-4｜09:30～17:00、咖啡廳10:00～16:00｜每月第二個週三、年末年始

158

東京近郊 ■横濱

感受海風！24小時欣賞橫濱美景的免費景點
大棧橋

　橫濱港大棧橋是橫濱的國際客輪碼頭，自橫濱開港以來已有130多年歷史，迎接來自世界各地的大型郵輪。碼頭由西班牙建築師設計，其頂樓設有宛如甲板的開放式公共空間，24小時對外開放，站在這裡可將港未來地區與對岸的紅磚倉庫盡收眼底，宛如明信片般的橫濱美景近在眼前，也因此吸引許多攝影愛好者前來取景。若天氣晴朗，還有機會遠眺富士山，這裡更被選為「關東富士見百選」之一。

　碼頭的公共空間廣闊，被當地人親切地稱為「鯨魚的背上」，並設有多張座椅供遊客休憩。許多當地居民會來此散步、慢跑、約會，甚至直接席地而坐，悠閒地享受港灣風光。若幸運的話，還能近距離欣賞大型船隻停泊，或在花火大會時於此觀賞壯麗煙火。無論是白天、黃昏，還是夜晚，這裡都是感受海風與美景的理想場所。

　需要特別注意的是，由於碼頭緊鄰海邊，特別是在秋冬季節，風勢較為強勁，建議遊客準備足夠的保暖衣物，以免著涼。

1.大棧橋的夜景：摩天輪、港灣與大樓交織的景色／2,3.寬敞的公共空間，很適合來散步休息看風景／4.不少當地人從傍晚坐到入黑，悠閒欣賞景色

osanbashi.jp｜神奈川縣橫浜市中區海岸通1-1-4

四季花草環繞、橫濱最有名的公園
山下公園

橫濱最有名的公園莫過於山下公園，是關東大地震後的重建項目之一，於1931年開園，用上當時地震的瓦礫等填海造地，是災情復興的象徵，也因為此處與海外的交流甚多，設立了許多紀念碑。

山下公園的不遠處便是大棧橋，這裡是海濱公園，沿著海岸線延伸約一公里，因景色優美又眺望良好，可以看著船隻在海上行駛，常常有日劇前來拍攝。園內占地廣闊，四季也有不同植物可以欣賞，春天有櫻花、鬱金香，夏天有繡球花，秋天也能欣賞銀杏等等。著名的玫瑰園在春秋兩季各盛開一次，紅、粉紅、黃等各種顏色共約190個品種的玫瑰爭妍鬥麗，吸引不少遊人觀賞。

每到週末假日也有不少當地人前來散步、慢跑、休息，同樣也是情侶約會的好地方。這裡

1.山下公園／2.在山下公園附近可以看到不少紅磚建築物，充滿歐式風情／3.一年四季有不同花卉盛開／4.大型客船「冰川丸」在此停泊

有昭和時代的大型客船「冰川丸」在此停泊，形成了特別的海邊景觀，距離橫濱中華街及橫濱海洋塔等景點也只需要走幾分鐘就到，可以作為旅行中休憩的地方。在晚上也非常推薦來欣賞夜景以及悠閒漫步。

神奈川縣橫浜市中區山下町279

東京近郊 ▪ 橫濱

朝聖橫濱家系拉麵開山師祖、超人氣拉麵店家

家系總本山吉村家

ieke1.com | 神奈川縣橫浜市西區岡野1-6-4 | 11:00～20:00 | 週一

日本各地擁有各具特色的拉麵文化，橫濱也不例外，其中「家系」拉麵在全日本深受喜愛。1974年開業的吉村家，被視為家系拉麵的開山祖師，曾培育出許多後來在拉麵界成名的弟子。與本牧家、六角家並稱為「家系御三家」，在1990～2000年代初期帶領家系拉麵發展。

創辦人年輕時常常吃屋台加入大量生蒜的拉麵，也在福岡吃過令他感動的豚骨拉麵，製作自己的拉麵時想活用兩邊的精粹，便以豚骨及醬油加入雞骨作為湯頭基底，加入雞油等。店裡早期的拉麵主要是針對從事體力勞動的庶民群體，因而口味較為濃重。隨著店主不斷聽取客人的反饋，逐漸形成了這一獨特的口味。

吉村家的拉麵每天從清晨便開始準備，最著名的是，即便店門未開，已有大量顧客在外等候，有時排隊人數高達1,000人以上，尤其在假日更是排起長龍。麵條屬於較為柔軟的類型，搭配豚骨醬油雙重湯頭及雞油的香氣，吸引了無數食客。顧客還可以選擇加購各式配料，如味玉、海苔等，並可依照個人口味要求調整。由於是當地人推薦的名店，外國遊客相對較少，如果有興趣體驗地道的橫濱拉麵，不妨抽空來一試。

1.以豚骨醬油融合雞骨及雞油的湯頭，濃厚又味道豐富／2.約需的排隊時間會標示在告示牌上供參考／3.接近隊伍前排時，店員會先指示進店購買食券／4.店外總是人頭湧湧

161

FOOD

長崎蛋糕、明治時化傳承至今的好滋味

橫濱文明堂

http yokohama-bunmeido.co.jp/shop/cafe｜神奈川縣橫浜市中區伊勢佐木町1-5-3(文明堂ビルディング1F)｜11:00～18:50(1/1～1/3營業時間可能有變)｜1,000～2,000日圓

「**文**明開化」指的是明治時代日本接納西方文化，並改變傳統習慣及制度的現象。這個時期，西方文化的傳入帶來了食肉文化、洋風建築、鐵道、洋服等，深刻影響日本人之後的生活方式。作為港口城市的橫濱，與長崎一樣，成為日本最早接觸外國文化的地點。當時傳入的食品，如長崎蛋糕，至今仍為懷舊的象徵。

如今的長崎蛋糕仍遵循傳統，使用雞蛋、小麥粉、砂糖等材料，經過1～2小時的精心製作。蛋糕底部殘留的半融化粗砂糖，帶來甜美沙沙的口感，這正是長崎蛋糕的獨特風味。無論是單獨食用，還是搭配咖啡，都十分美味。

文明堂提供長崎蛋糕製成的甜點和現烤銅鑼燒，名為「三笠山」的和風銅鑼燒夾著以北海道產的紅豆製作紅豆內餡，現點現做，味道獨具特色。

1.橫濱文明堂／2.「三笠山」銅鑼燒香甜又不會膩／3.單純吃餅皮，配上簡單配料，就像吃鬆餅一樣／4.長崎蛋糕最適合作為伴手禮送人／5.長崎蛋糕夾冰淇淋，層次感十足，口感豐富

豆知識

長崎蛋糕跟蜂蜜蛋糕不一樣？

長崎蛋糕(カステラ)的名字源自葡萄牙語的 Castella，以雞蛋及小麥粉等製作，過程中並沒有加入蜂蜜，所以被叫作蜂蜜蛋糕是不合理的，但隨著時代及人們口味轉變，現在市售的長崎蛋糕，部分也有推出蜂蜜口味，但正式名稱還是稱作長崎蛋糕喔！

東京近郊：橫濱

橫濱灣 東急大飯店
The Yokohama Bay Hotel Tokyu

　如果想在橫濱住一間可以欣賞無敵夜景的飯店，推薦位於港未來地區的橫濱灣東急大飯店。這間飯店距離橫濱車站僅兩站，與地下鐵港未來站相連，走3分鐘左右的室內通道就能到達，無論下雨或是天氣不佳，都不必擔心淋濕，十分便利。雖然附近有許多可以欣賞摩天輪景觀的飯店，但這間飯店特別吸引我的是，它有些房型設有陽臺，可以直接走到室外，無需隔著玻璃就能享受橫濱自豪的都市絕景，是真正的海景第一排，摩天輪和橫濱港的美景一覽無遺。

　飯店的房間裝潢典雅，提供灣景、城市景以及公園景的房型可供選擇。特別推薦可以看到橫濱灣大橋和摩天輪等景點的灣景房，或是可以俯瞰櫻木町車站和COSMO WORLD遊樂園的公園景房。城市景房型則是沒有陽臺設計。

　飯店內有多家餐廳，並且直接與商場相連，無論是用餐還是購物，都非常方便。這裡的早餐也非常有名，採自助形式提供，包括西式、日式、冷盤、麵包等多樣選擇，品項豐富。坐在窗邊的位置，一邊享受美麗的景色，一邊品嘗早餐，無疑是一天中最美好的開始。

http ybht.co.jp ｜ 横浜市西区みなとみらい2-3-7

1.房間寬敞，打開大行李也完全不是問題／2.部分房型擁私人陽臺，可以吹吹海風之餘欣賞橫濱景色／3.在房間就可以看到橫濱的經典都市景觀，白天晚上同樣精彩／4.房間裡有寬廣的浴缸／5.自助早餐有現做歐姆蛋、生魚片等多種餐點

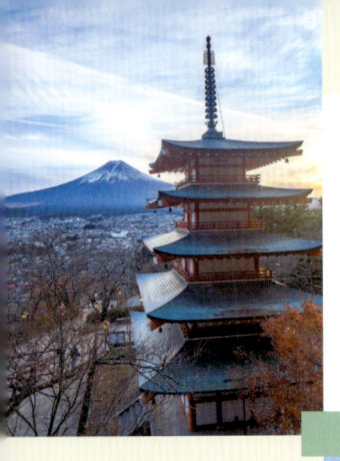

富士山是日本最高峰，橫跨山梨與靜岡兩縣，形狀對稱美麗，自古為聖山，啟發了無數藝術創作。作為日本象徵，富士山每年吸引大量登山者，並於 2013 年被列為世界文化遺產。

富士山周邊地區四季皆宜，夏季清爽，冬季白雪覆蓋。除了欣賞富士山美景，還有許多休閒設施可享受。從東京出發交通便捷，適合作為一日遊。河口湖是富士五湖中景點最集中的地區，本書將介紹河口湖及下吉田地區。

富士山

FUJISAN

富士山地圖

東京近郊 ■富士山

前往河口湖周邊的交通方式
Let's Go

從東京市區出發前往河口湖或周邊地區，如下吉田和富士急樂園等，大約需要 2～3 小時。可以選擇乘坐電車或高速巴士，若是偏遠地區無電車直達，則可轉乘當地公車。河口湖站是富士急行線的終點站，除了有旅遊諮詢處，還設有往來主要地區的巴士站，是遊覽富士山地區的重要據點和住宿選擇。如果是多人同行，也可以考慮租車自駕，分攤費用，增加行程彈性。

河口湖是富士五湖中湖岸線最長、景點最集中的地區，若是單純遊玩河口湖，搭乘電車是最直接的選擇，既能避開交通擁擠，又方便快捷；而巴士所需時間較長，可以根據自己的行程和停留時間來選擇交通方式。

東京 ⇄ 河口湖
Tokyo　Kawaguchi-ko

乘坐高速巴士

從東京站或新宿站有直達河口湖的巴士，單程約 2 小時，車費為最便宜的選擇。巴士為指定席，無站票，若當天才購票，可能無法選到理想班次，建議提前網上預約。由於巴士公司、路線和經停站不同，預約時需確認班次、時間和目的地。

從東京主要車站出發				
東京站	\multicolumn{4}{c}{新宿站}
高速巴士 約 2 小時	高速巴士 約 2 小時 特急富士回遊 約 2 小時	\multicolumn{3}{c}{JR 中央線中央特快 約 1 小時 30 分鐘}
^	^	\multicolumn{3}{c}{大月站}
^	^	富士急行線 約 1 小時	富士急行線 約 43 分鐘
^	^	^	下吉田站
^	^	^	富士急行線 約 13 分鐘
\multicolumn{5}{c}{河口湖站}

製表：米克

河口湖是熱門景點，尤其在櫻花季、紅葉季或週末假日時，可能會遇到交通擠塞，需提前預留時間以免影響行程。部分巴士路線可直接前往山中湖、富士急樂園或下吉田地區，方便旅客，並且可攜帶大行李。若從網路訂票，部分巴士公司已支持電子票，無需現場換票。

此外，從成田機場、羽田機場、澀谷、橫濱等地也有直達河口湖的巴士，每天只有一班，需提前網上預約。

乘坐富士回遊

從新宿站出發的特急列車「富士回遊」，經過轉乘即可直達河口湖，行程約 1 小時 50 分鐘，開通以來一直非常受歡迎。車票可在 JR 東日本車站的綠色窗口或售票機購買，是最快、最方便的交通方式之一。該列車只有上午班次從新宿出發，河口湖出發則僅有下午班次。由於全車為對號座位且每天僅有幾班，建議提早購票。持有東京廣域周遊券的旅客可免費搭乘。

乘坐JR中央線

從新宿站出發，搭乘特急列車至大月車站，再換乘富士急行線的收費特急或普通列車直達河口湖，這條路線班次多且靈活，時間約需 2.5～3 小時。在無法預約「富士回遊」列車時，搭乘 JR 中央線的特急列車也是不錯的選擇，可以在 JR 東日本車站的售票機購買指定席車票。如果搭乘中央線的普通、快速或中央特快列車，則無需預約。為了節省時間，建議選擇特急列車。

JR 中央線的特急列車有「かいじ (Kaiji)」和「あずさ (Azusa)」，但並非每班特急列車都會停靠大月，購票前可使用本書介紹的乘換案內 APP 查詢班次。富士急行線的列車有普通列車和特急列車兩種，普通列車會在每站停靠，也可選擇在下吉田站下車。搭乘特急列車則需要額外購買特急券及指定席票。

1.富士山景觀特急／2.FUJISAN特急

租車自駕

如果是多人出遊，租車自駕遊河口湖一帶也是不錯的選擇。視不同車型，租車費用大約為一天一萬日圓。如果從東京市區出發，還需支付高速公路費用。此外，也可以根據行程，選擇在河口湖地區再開始租車。

東京近郊　■ 富士山

How to 購買去河口湖的交通 Pass

東京廣域周遊券

東京廣域周遊券 (Tokyo Wide Pass) 可以在 3 天內不限次數乘坐指定範圍內的普通列車、特急列車、新幹線等,並且包括河口湖區域。如果計畫前往輕井澤、伊豆等其他近郊地區,購買此周遊券將非常划算。它也涵蓋了富士急行線的部分路段,但需要提前購買富士回遊列車和中央線特急的指定席車票。若使用其他 JR 東日本的 Pass,則從大月到河口湖的富士急行線需要額外補票。詳情請見 P.17。

富士箱根周遊券

由小田急電鐵推出的富士箱根周遊券是 3 天有效的票券,包含了從新宿到小田原之間的來回車票,並可在富士箱根地區的指定交通工具自由上下車,包括富士急行線全線、箱根登山纜車等。箱根與河口湖、御殿場之間則可搭乘小田急高速巴士及富士急行巴士連接。

這張票券適合想在 3 天內遊覽這兩個地區的旅客,但需要注意的是,小田急浪漫特快列車需另行支付特急費用。3 天券的成人票價是 10,100 日圓,特別在於兒童票價一般是半價,富士箱根周遊券則是每張 3,100 日圓,帶小朋友出遊更加優惠。

1.河口湖站外設有大量投幣式置物櫃方便旅客／2.河口湖車站／3.有機會遇上以托馬斯小火車主題的列車／4.富士回遊特急

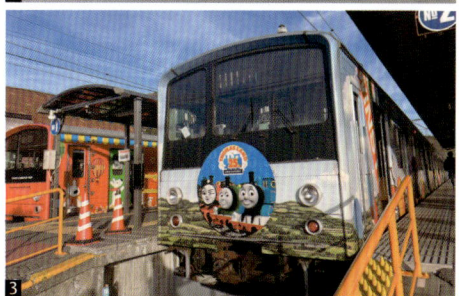

河口湖車站至各景點交通 Let's Go

河口湖周遊巴士

河口湖周邊有多條巴士路線，其中最受歡迎和便捷的是「紅線」河口湖周遊巴士。這條路線從河口湖車站出發，途經天上山纜車、紅葉迴廊、大石公園等熱門景點，每15分鐘就會有一班車。此外，還提供一天乘車券，包含綠線的「西湖周遊巴士」和藍線的「鳴澤・精進湖・本栖湖周遊巴士」，讓遊客可以輕鬆遊覽更多景點。

河口湖周遊巴士

富士急行線

往返河口湖、富士急樂園與下吉田之間，乘坐富士急行線的普通列車最為方便。需要注意的是，班次間隔較長，每小時可能只開出特急列車，視時間安排而定。

河口湖景點地圖

168

1.新倉山淺間公園的戶外展望臺看出去的黃昏景色／2.秋季期間整個公園也是紅葉聖地

日本的象徵，富士山的代表景色
新倉山淺間公園、新倉富士淺間神社

當提到日本的著名觀光景點，新倉山淺間公園必定榜上有名。在網路上搜尋「Japan」，經常能看到新倉山淺間公園內富士山與五重塔的風景圖片，這些畫面代表了日本的和風景色，成為了全球遊客朝聖的熱點。

新倉山淺間公園位於吉田地區，從富士急行線的吉田車站下車，步行約10分鐘，途中需要爬398級樓梯，對體力是一定考驗。然而，當你爬到展望臺時，眼前的壯麗景色讓一切努力顯得非常值得。這裡四季皆宜，尤其是春天，從4月上旬到中旬，約有300株櫻花樹盛開，並會舉辦櫻花祭，屆時會有攤販販售當地小吃及表演等，非常熱鬧；秋天則是紅葉的最佳觀賞時期。

在前往展望臺的途中，將會經過新倉富士淺間神社，這裡是眾多遊客前來參拜的場所。神社全天開放，且無入場費。神

169

社的朱紅色大鳥居和紀念太平洋戰爭中陣亡者的五重塔「忠靈塔」成為當地的地標。五重塔是佛塔的一種形式，五層代表了不同的佛教思想，是典型的日本建築，單看其莊嚴神聖的氣氛就足以讓人印象深刻。從大鳥居間看出去，也能看到富士山，這與展望臺的街景不同，更加著重於自然景觀，也是個不錯的拍照地點。

新倉富士淺間神社建於西元705年，並於西元807年富士山爆發後，當地舉行了鎮火祭。神社內的供奉物品仍然保存至今，並且至今以除厄、家庭圓滿和安產為主祈願。主殿曾在江戶時代的火災中被燒毀，目前的本殿是後來重建的。境內的「育兒神木」也是一大亮點之一，此外，社務所還有各種御守與御朱印，適合作為旅行的紀念。

淺間神社是富士山信仰的中心，周邊許多神社也冠以「淺間」二字，從富士山麓區域起，這些神社遍布全日本，現今全國已有超過1,300座。淺間神社的由來與富士山火山活動頻繁有關，當時為了祈求鎮止火山爆發而建立，主祭神為木花咲耶姬命，亦被稱為淺間大神，被視為鎮壓富士山噴發的「水德之神」，守護著農業與紡織業等。

值得注意的是，這裡的御神木是一棵櫻花樹，若不特別提及，或許不容易發現。淺間神社內的樹木也經常種有櫻花樹。據說，如果在參拜前遇到下雨，那是神的歡迎，這樣的景象也不會讓人感到掃興。

新倉山淺間公園的戶外展望臺於2022年重

東京近郊 ■ 富士山

1.秋天的新倉富士淺間神社境內，銀杏變得金黃一片／2.晚間的五重塔氛圍變得截然不同／3.新倉淺間神社本殿／4.透過大鳥居看出去的富士山顯得更加神聖／5.特別版的剪紙御朱印，精美得像一張賀卡，值得好好收藏／6.境內的繪馬也是富士山與櫻花圖案／7.有富士山圖案的御守

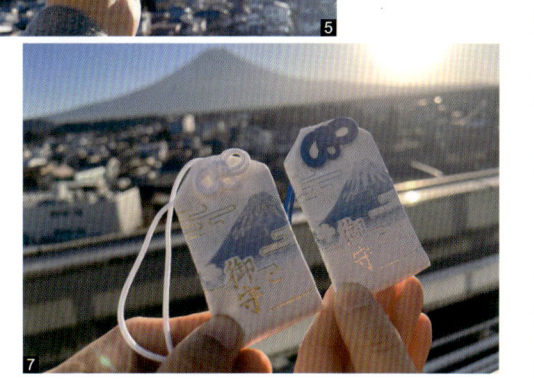

Take a Break

細聽列車進站音樂

日本各地不少車站，會以當地歌手或與當地有密切關係的影視作品主題曲，作為列車進站或是發車音樂，增強當地特色及形象。富士急行下吉田站的進站音樂，就是來自樂團フジファブリック（Fujifabric）。

下吉田出身的主唱志村正彥在 2009 年過世約 10 年後，曾為志村同學的富士急行職員促成了這項特別的企劃，從下吉田站出發往河口湖及大月方向的列車進站時，月臺會分別播出歌曲《年輕人的所有》及《茜色的夕陽》，也是日本少數會播放人聲的列車音樂，志村的歌聲跟音樂帶著一種懷舊的鄉愁，與下吉田的印象相配，大家前來的時候也不妨細聽。

新開放，這裡擁有壯麗的富士山景觀，還能俯瞰如同微縮模型的富士吉田市街景，讓這裡成為我認為最值得一遊的富士山觀景點之一。特別是在秋冬季節，空氣清新，富士山的景色尤其迷人，登山道的細節也十分清晰。

單是站在這裡欣賞風景，會讓人捨不得離開。每當夕陽西下，直到晚上10點，展望臺會進行燈光點綴，日夜景色各具韻味。需注意的是，展望臺以外的區域較為昏暗，只有參道上的燈籠持續點亮，夜晚走動時要特別小心。

http fujiyoshida.net/zh_TW/see-and-do/12
山梨縣富士吉田市淺間2-4-1

東京近郊
Fujisan

富士山

富士吉田

1.下吉田站／2,3.北口本宮富士淺間神社／4.吉田周邊不少看得到富士山的店家

　富士山對觀光客而言，總是擁有一種神祕的吸引力。來到河口湖一帶旅遊，非常推薦下吉田地區。它距離河口湖車站僅4個車站，車程約10分鐘，這裡擁有多個拍攝富士山的絕佳角度。除了可以將新倉山淺間公園列為必訪景點的一部分，還能欣賞到富士山景色和富有懷舊氣息的老街，富士山迷們一定會非常滿意。

　下吉田原本並非熱門的觀光區域，但現在因為可以拍攝到富士山與街景融合的震撼畫面而聲名大噪。在這裡不僅能夠收穫美麗的富士山照片，還有時尚的茶店與咖啡廳可供休憩，並且能夠買到當地的伴手禮。

Tips 當地安全注意事項

　本町通商店街是主要車道之一，附近有許多民居，因此在拍照時應避免走到馬路上，並控制音量，遵守現場工作人員的指示，以確保安全，避免發生意外或危險。

東京近郊　■富士山

拍到富士山雄偉美景的懷舊商店街
富士吉田本町通

從富士急行線下吉田站步行大約8分鐘，便能來到富士吉田本町通商店街，這條街道充滿復古氛圍。在本町二丁目商店街的十字路口附近，可以看到遠處偌大的富士山，兩旁是整齊排列的商店招牌、告示牌和交錯的電線，彷彿時光倒流回昭和時代，這樣的景色吸引了不少遊客前來朝聖。最推薦的遊玩時間通常是上午，因為中午過後，受氣溫等因素影響，有時會看不見完整的富士山，而清晨的藍天與街道色彩更顯鮮明，非常適合拍照。

商店街相當長，越靠近下吉田站，富士山的身影越顯宏大。富士急行線的下吉田站、月江寺站和富士山站三個車站之間，都有不少地方可以拍到富士山的美景，周圍的建築物和古老招牌都充滿復古氣息，在散步的過程中，也能發現自己最喜愛的風景。

1.從本町通商店街看到的富士山十分巨大／2.這一帶是以紡織批發為主，現在開始有咖啡廳、餐廳等入駐／3.閒逛時也不要錯過路上的電燈柱、人孔蓋等，富士山無處不在／4.充滿歲月痕跡的古書店外也很適合拍照

📍 山梨縣富士吉田市下吉田3-5

173

後巷弄的祕密美景！想拍人少美照來這裡
西裏通

除了熱鬧的本町通商店街，往後走大約3分鐘左右便能來到西裏通，這裡擁有更為沉靜的氛圍，與本町通商店街形成鮮明對比。過去下吉田以紡織批發業為主，西裏通則以眾多小型居酒屋聞名。隨著紡織產業的衰退，西裏通的客流減少，街道逐漸變得冷清，但依然保留著濃厚的復古風情。曾經有不少商店因為客源減少而關閉，但現在開始有年輕人開設新店，為這條老街注入了新的活力。

晚上，這裡成為當地人聚集、喝酒和聊天的地方。早晨時分遊客不多，這裡依然能拍到富士山與街道同框的美景。由於車輛和遊客較少，這裡拍照更安全，也更適合放慢腳步，輕鬆拍攝。這是我非常推薦的拍照景點。

1.白天的西裏通人流較少，也能看到巨大的富士山／2.西裏通商店街／3.裡有不少酒館、居酒屋等，通常是晚上才營業／4.街景保留著復古的懷舊風貌／5,6.留意地上跟路上，偶然會發現不少富士山的蹤影

📍 山梨縣富士吉田市下吉田3-21

東京近郊 ■富士山

1,2.小室淺間神社境內十分樸素／3.御朱印上有富士山與流鏑馬的圖案／4.富士山造型的神籤值得收藏

以占卜聞名、樸素的在地神社
小室淺間神社

小室淺間神社的正式名稱為富士山下宮小室淺間神社，當地居民親切地稱之為「下淺間」。自西元807年創建以來一直是當地居民生活和信仰的中心。每年1/14、1/15神社會舉行名為「筒粥」的祭典，祭典中會進行占卜儀式，預測全年天氣、富士山的參拜人數、農作物的豐收、周邊是否有火災或爭端等問題，成為當地人生活的指引。

富士山麓地帶位處山坡與熔岩地帶，古時馬匹在當地的農耕與運輸中有不可或缺的重要作用，馬也象徵了神的使者，在小室淺間神社設有馬舍，可以看到被稱為神馬的馬匹們。每年9月舉辦的流鏑馬神事，是平安時代後期傳承至今已有800年歷史的活動，騎手在奔跑的馬上騎行時同時射箭，是傳統文化活動的一種，也很有觀賞價值。

雖然小室淺間神社並不像其他與富士山有關的神社那樣在外國遊客中聲名遠播，但由於以占卜聞名，這裡的神籤與御守等也相當有吸引力。也可以求個神籤，了解未來的吉凶。

http www.fgo.jp/~yabusame ｜ 山梨縣富士吉田市下吉田3-32-18

觀光客不知道！日本最強的財運神社
新屋山神社

1.社務所還沒開門就已經排滿人潮／2.被樹木所包圍的入口處，有一個又一個還願者奉獻的鳥居／3.外表與一般神社無異，卻在日本人心中的地位舉足輕重／4.金運卡在手，希望財運滾滾來

　　日本有「八百萬神」的說法，並非指真有800萬個神明，而是神道中對各種神的總稱，無論是山、海、森林或樹木，所有存在的萬物皆有其靈氣。在富士吉田市、富士山山腳下，隱藏著與石川縣的「金劍宮」及千葉縣的「安房神社」並列日本三大財運神社之一的新屋山神社，這座神社也被稱為日本最強的財運神社。無論平日或假日，都吸引著來自全日本各地的民眾前來參拜。

　　這裡供奉的是山神，背靠富士山，不僅保佑生意興隆、農林業繁盛，還有不少人來祈求橫財或中樂透，因此許多投資者和生意人也會來此參拜。參拜新屋山神社時，需要穿越多個鳥居，每個鳥居都是由前來祈願的人所奉獻。被樹木包圍的入口顯得自然又舒適。儘管三大財運神社名聲響亮，但這裡的神社相較之下看起來更為樸素，規模也沒有那麼大。

　　社務所每天早上9點才開門，但開門前，門口已經排了約20人，他們來此是為了入手這裡的卡片型御守「金運卡」。據說將這張卡放入銀包後，可以帶來「不再為金錢所困」的效用。無論其實際功效如何，作為人氣神社的授予物，除了自己入手外，也可以買來送人，或是帶長輩來取個好兆頭。除了金運卡，還可以在這裡求得御朱印。

http www.yamajinja.jp ｜ 山梨縣富士吉田市新屋4-2-2

東京近郊 ■ 富士山

1.本宮富士淺間神社／2.參道兩旁高聳的樹木靈氣十足／3.北口本宮富士淺間神社入口處的鳥居

富士山吉田路線起點
北口本宮富士淺間神社

作為富士山世界遺產構成資產之一，北口本宮富士淺間神社擁有超過1,900年的歷史。相傳在日本武尊東征時，他曾向富士山遙拜，立起鳥居並修建祠堂，便是神社的起源，自江戶時代以來，這裡一直是富士山信仰的聖地。

從參道出發前往本殿，門前那座巨大的鳥居格外引人注目，兩旁是樹齡過百年的杉木與檜木，這些樹木高聳入雲，加上排列整齊的石燈籠，營造出一種莊嚴神聖的氣氛。在拜殿旁邊，矗立著一棵超過1,000年樹齡的御神木「富士太郎杉」，它高達30公尺，光是凝視著它便能感受到大自然的強大力量。需特別注意，神社內部有許多地方禁止拍照。

富士山一直是日本人敬畏的對象，時而噴發、時而顯現其壯麗的姿態。自江戶時代以來，攀登富士山成為一項流行活動，現在每年夏季超過28萬人攀登富士山。如今，許多登山客的出發點是富士山五合目的吉田路線，而吉田路線的起點正是在這座神社。據說，在江戶時代，來自東京的登山者大多數都是從這裡開始攀登富士山的。即便不打算登山，來到這裡也可以看看登山道的起點，感受富士山所帶來的自然力量。

www.sengenjinja.jp | @kitaguchi.hongu.official | 山梨縣富士吉田市上吉田5558番地

FOOD

隱藏著富士山景的小小茶室
金精軒 富士茶庵

@ideshouten | 山梨縣富士吉田市下吉田2-4-28 | 店面09:00～18:00、咖啡廳10:30～16:00 | 休 週三

　金精軒富士茶庵是山梨縣的和菓子老店的姊妹店，店內的木質裝潢不僅新潮，還帶有溫暖的氛圍。一樓販售著包括山梨名物「信玄餅」在內的日式甜點，還有來自富士吉田的紡織產品等特色商品。二樓則是一間咖啡廳，外觀低調，卻能從窗外欣賞到壯麗的富士山景色，宛如隱藏版的景觀茶室。茶室內設有日式榻榻米地板，進入時需要脫鞋。這裡不僅提供甜點、茶和咖啡，早上還有簡單的飯糰與味噌湯早餐套餐。

　以為在富士吉田的購物不會太破費，但這裡比我想像中好買得多。光是買些信玄餅和各種口味的銅鑼燒，就足夠讓人滿載而歸。這裡的銅鑼燒香甜鬆軟，也非常適合作為伴手禮。至於保存期限較短的豆大福、團子等小點心，可以帶回飯店或在長途車上享用，平實又美味，都是我會回購的品項。目前這家店的外國遊客還不多，強烈推薦大家來光顧。

1.精緻的奶凍甜點／2.二樓的富士茶庵可以看到富士山景色，也有窗邊座位／3.金精軒／4.大吟釀酒粕蛋糕香醇又好吃／5.店內也有各種和菓子販售，推薦商品是山梨名物信玄餅及銅鑼燒

東京近郊 ■富士山

品嘗味噌湯與米的在地小食堂

sai

sai-fujiyoshida.com | @sai.fujiyoshida
山梨縣富士吉田市松山2-3-37 | 07:00～14:00 | 不定休

這家位於富士山車站步行約3分鐘的食堂，隱藏在一個住宅區內，外觀平凡，僅有9個座位。儘管如此，每到假日開門後，總是座無虛席。店內僅由老闆一人經營，提供營養豐富的早餐定食，每一道菜都精心製作，使用當地新鮮食材。大家都會點的打發蛋白蓋飯，白嫩的蛋白如雲朵般輕盈，配上生蛋黃與醬油攪拌後，味道樸實卻溫暖，呈現了日式料理的獨特魅力。

在富士山麓一帶，山梨縣有一種名為すりだね(Suridane)的辛味調味料，主要由紅辣椒、芝麻和山椒等食材炒製而成，味道辛辣又帶有層次感。這種調味料常被用於味噌湯、麵類等料理中，能夠提升食材的鮮味，讓整道菜的味道更加豐富。與其他地區常見的七味粉相比，富士吉田當地的吉田烏龍麵則搭配這種萬能調味料，為每一口麵條增添獨特的風味。食堂內還備有多種「すりだね」，無論是配白飯還是味噌湯，都為平凡的餐點增添不同層次的風味。

在日本，除了連鎖咖啡店外，提供早餐的店鋪並不常見，而這家食堂像是回到了朋友家吃早餐的感覺，老闆親切地與客人交談，讓每位顧客都感受到家的氛圍。如果你來到吉田地區，想體驗正宗的日式早餐這裡是個好選擇，不想要等位的話建議提早前來。

1.品項豐富的早餐定食，加配的富士山造型飯團非常可愛／2.食堂低調不起眼，卻是當地人氣店家／3.多款口味的すりだね可自由取用搭配／4.雞蛋加醬油拌飯在日式早餐裡常見

あかり亭

FOOD | 吃一次就上癮！遠近馳名的手打吉田烏龍麵

http: akaritei.client.jp｜山梨縣富士吉田市7-1-12｜11:00～14:00｜休 週一，遇假日改隔日休

在北口本宮富士淺間神社附近，有許多店家提供富士吉田的名物美食——「吉田烏龍麵」，這道料理的最大特色就是麵條非常有嚼勁，慢慢咀嚼時，麵條與高湯的鮮味逐漸滲透，加上配料如煮過的馬肉、高麗菜、天婦羅碎等，每家店家都有自己獨特的做法，簡單卻美味的調味讓人一吃就上癮。

富士吉田有食用馬肉的文化，將馬肉以醬油、砂糖和酒等調料煮過，並將肉碎鋪在烏龍麵上，增添了獨特的風味。當地人吃吉田烏龍麵時，通常會加入「すりだね」，添上辣味及香味。

1.吉田烏龍麵充滿嚼勁的口感，一定要來試試／2.店面低調得很容易錯過／3.放進當地調味料すりだね後更為豐富美味／4.有如親戚家一樣的食堂，在一樓先點餐，再走樓梯上二樓用餐

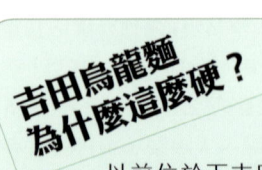

豆知識：吉田烏龍麵為什麼這麼硬？

以前位於下吉田地區的許多家庭都從事纖維相關產業，並且大多由女性負責操作紡織機械。為了提高工作效率，男性便負責準備午餐。由於男性希望製作出更加飽腹的午餐，他們便加強了揉捏麵團的力度，吉田烏龍麵便形成了其獨特的口感，既有嚼勁又特別彈性，成為當地的代表性美食。

> 炸雜菜跟竹輪都是我的推薦配料

東京近郊　■富士山

在巷子裡的手作選物店尋寶
絹屋商店

@kinuyashoten | 山梨縣富士吉田市下吉田2-1-25 | 10:30～17:30 | 營業日請參考店家IG

　富士吉田自江戶時代以來便是著名的紡織品產地。第二次世界大戰期間，因為金屬徵召，當地失去了大量的紡織機，導致紡織業陷入停產。戰後，雖然重新振作並使這一帶繁華起來，但由於甲斐絹等高品質紡織品的製作工序繁瑣且費時，還有來自海外低成本紡織品的競爭，這裡的紡織業逐漸衰退。

　在富士吉田市紡織業最為興盛的時代，集中了多家紡織批發商的地方被稱為「絹屋町」，這也是一家選物店的名字由來。店鋪的建築是一棟約80年歷史的倉庫改裝而成，店內的大小事務皆由來自台灣的店鋪負責人親自打理。除了自家品牌外，店內還販售來自富士五湖周邊以及海外作家製作的工藝品、手作雜貨、服飾和配件等，麻雀雖小但五臟俱全。原本以為富士吉田的紡織業已經式微，沒想到這裡仍有不少人在為紡織業的振興努力，且成品的素質相當高。

　店內販售許多圍巾、衣服、雨傘等日常生活中能用到的商品，也有以富士山為主題的文創商品，如手帕、記事本、貼紙等，富士山迷千萬不能錯過。店內也收集了來自附近店家的古物，如舊碗碟等，各式精緻商品非常適合作為送禮或旅行紀念品。

　此外，店內偶爾會販售台灣作家製作的作品。如果來到下吉田，不妨來這裡尋寶一番。

1.店內販售的商品多樣，包括食器、圍巾、衣服配件等／2.店鋪隱身小巷子之中／3.收集自社區內停業店家的昭和舊碗碟，細緻復古，在這裡等候有緣人認領／4.各種以富士山及山梨為主題的商品，富士山迷必定可買個痛快

富士山免費展望空間與金鳥居

富士山車站、金鳥居

　富士山迷必定要朝聖的富士山車站，於1929年以「富士吉田站」的名稱開業，是富士急行線上的重要車站。車站周圍可以盡情欣賞富士山的壯麗景色，並且設有連接車站的巴士總站，通往富士山周邊各地。車站內的「Q-STA」商場也非常受歡迎，有餐廳、咖啡廳、美食廣場以及伴手禮商店等設施。特別的是，在6樓有一個免費的戶外富士山展望空間，提供舒適的座椅，能悠閒地吹風並欣賞富士山的壯麗景色。

　從富士山車站徒步約5分鐘，便能看到一座高達10公尺的金鳥居，這座鳥居被視為富士吉田的象徵。金鳥居不僅保留了富士山信仰的歷史文化，還曾是過去下吉田與上吉田的區域分界線。上吉田靠近富士山，是神聖的神域，而下吉田則是人類居住的俗界。雖然如今金鳥居位於馬路旁，顯得平凡，但它依然是富士山吉田路線的攀登起點，

182

東京近郊 ■富士山

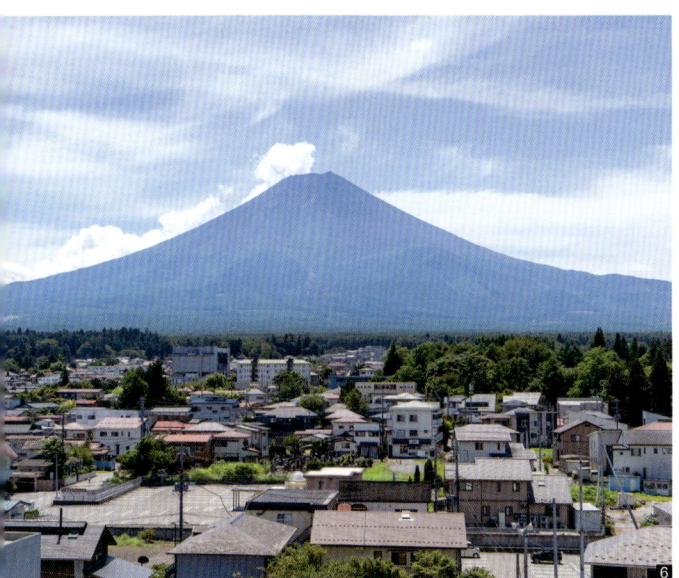

1,2.金鳥居與富士山合影／3.來到富士山車站，少不免跟站牌打個卡／4.富士山車站外面有獨特的鳥居設計，充滿日本風情／5.圍欄隱藏著富士山身影／6,7.在戶外展望空間可以看到眼前壯觀的富士山景色／8.連接商場的富士山車站有不少商店賣伴手禮及小吃

並且以「一之鳥居」為人熟知。這座鳥居最初建於1788年，後來由於暴風等自然災害而多次重建，現在的金鳥居是在1956年所建，鳥居上懸掛的注連繩，象徵著這是通往神聖領域的界線。

從本町商店街到金鳥居，步行大約需要20分鐘。沿途雖然沒有顯著的景點，但你將不斷欣賞到富士山的壯麗景色，這條平坦的道路提供了悠閒散步的好機會，也許你會在途中發現屬於自己的一個私密富士山拍照地點。

http www.fujikyu-railway.jp/station/timetable.php？no=16 ／ 山梨縣富士吉田市上吉田2-5-1

豆知識：紙幣上也有富士山？

自2004年起發行的1,000日圓紙幣上印有富士山的圖案，取自富士五湖之一的本栖湖。而在2024年發行的新一批紙幣上，1,000日圓紙幣上的富士山圖案則來自江戶時代後期畫家葛飾北齋的浮世繪名作《富嶽三十六景 神奈川沖浪裏》。這幅畫當時在海外引起了西方國家對日本美學的關注，也啟發了熱愛浮世繪的梵谷，成為日本代表性的經典作品。

183

東京近郊
Fujisan

富士山 河口湖

從東京出發近郊，想要享受富士山美景，又想玩多個景點及品嘗美食，河口湖是非常集中而且交通便捷的地區。在河口湖也集合了四季的富士山景色，包括芝櫻祭及紅葉祭等，也能入手山梨縣的當地特產，讓旅人一整年都玩不膩。

豆知識：崇拜富士山的信仰

日本人對大自然充滿敬畏，認為萬物皆有靈性，富士山更是被視為神明的居所。遠眺富士山的參拜稱為「遙拜」，而登山親自攀登富士山的參拜則稱為「登拜」。與現今以運動或消閒為目的的登山活動不同，古時的登山是一種信仰行為，也是一種修行。

在過去，淺間神社擔當了遙拜的角色。由於當時交通與金錢的限制，旅行或遠行並不像現在這麼便捷，無法輕易前往登拜的民眾，會在各地建造以泥土或富士山的熔岩石製成的「富士塚」，這些「富士塚」通常模仿富士山的形狀，是可以攀登的小山丘，有些則像雕像一般的尺寸。當時人們相信，拜訪這些富士塚就如同參拜富士山，能獲得相同的利益。此外，當時富士山不容許女性攀登，但富士塚卻成為女性也能參拜的地方，對當時的女性而言，這些富士塚是不可多得的存在。

如今，日本各地仍保留著不少富士塚，從大型的神社到一些小型的祠堂，都象徵著富士山與人們日常生活之間的深厚聯繫。在神社周邊的下吉田地區，也擁有與富士山相關的世界文化遺產，並且可以品嘗到當地著名的吉田烏龍麵，作為午餐選擇非常合適。

東京近郊 ■富士山

1. 絕景鞦韆雖然不刺激但非常值得體驗／2.山頂上有兔子神社／3.纜車站前面滿滿遊人排隊／4.有各種富士山伴手禮／5.兔子神社的透明御朱印／6.現場有販售山梨名產白桃的霜淇淋

乘坐纜車欣賞富士山全景

天上山公園

在 河口湖附近遊覽，特別推薦來坐河口湖全景纜車，從河口湖畔到達標高1,075公尺的天上山山頂只需約3分鐘，乘車期間可以看到河口湖寧靜的美景，秋季期間也能賞紅葉。

天上山山頂的展望臺看出去的景色秀麗。2017年全面整修重開，在2021年11月也增加了絕景鞦韆，高約3.5公尺，每位只需付500日圓就可以體驗，因為有扣安全帶，現場也有工作人員幫忙，所以非常安全。

在山上也有兔子神社、絕景迴廊等設施，有販售霜淇淋及各種小吃，也設有伴手禮商店，就像一座小小主題樂園，很適合第一次前來河口湖的遊客安排半天遊覽。

可以在現場的售票機直接購票，並選擇來回票或單程票。從山頂到天上山護國神社之間有一條約40分鐘的健行步道，這條步道對喜愛健行的遊客非常合適。如果在每年7月下旬～8月上旬期間來訪，還有機會欣賞到約10萬株繡球花的美景。根據體力狀況可以決定是否購買來回票，選擇適合自己的方式遊覽。

www.mtfujiropeway.jp｜山梨縣南都留郡富士河口湖町淺川1163-1｜08:30～17:00(下山最後一班纜車17:20)｜纜車成人來回1,000日圓

185

隨著季節盡享富士山美景
大石公園

位於河口湖北岸的大石公園，全長350公尺，是一覽河口湖與富士山壯麗景色的免費景點，並且全天候開放。公園內設有遊步道，隨著季節的變換，各式植物各具特色。每當天氣晴朗，清晨時分，常能見到眾多攝影師早早在此守候，捕捉富士山的美麗晨曦。

大石公園內種植超過90種植物，西側的掃帚草區域從夏天到秋天有著不同的風貌。夏季時，掃帚草一片綠意盎然，而到了秋天，則變身為火紅的景象，圓滾滾的草叢十分可愛，吸引了不少遊客專程前來拍照。每年5月，油菜花與芝櫻綻放，而6～7月則是薰衣草的盛放季節，這段期間會舉辦「河口湖香草節」，除了賞花，還能品嘗當地小吃和購買農產品，現場熱鬧非凡。這些花田與富士山的美麗景色交織，無論何時前來，都能拍攝到難忘的風景。需要注意的是，花卉栽種區域是禁止進入，拍

東京近郊 ■富士山

www.town.fujikawaguchiko.lg.jp/ka/info.php？if_id=2346 ｜ 山梨縣南都留郡富士河口湖町大石2525番地の11先

1,2.大石公園夏季期間的綠色掃帚草／3.在風勢較弱時也有機會看到如逆富士的景象／4.大石公園及河口湖畔附近有散步道／5.在河口湖一帶，就連人孔蓋也隱藏著富士山

照時需留意，避免成為失格旅人。

由於大石公園十分受歡迎，是許多團體旅遊的指定景點，若想避開人潮拍照，建議可以早晨前來，清晨時分不僅人少，還能提高拍攝清晰富士山的機會。

大石公園設有停車場，無論是搭巴士或自駕前來都十分方便。公園內也有鞦韆和溜滑梯等設施，適合帶小孩的遊客前來放電。旁邊的河口湖自然生活館與農產品直銷店，也是休息和品嘗美食的好地方。這裡有多張椅子供遊客休息，並販售當地的時令水果和小吃飲料，可以輕鬆享受愜意的時光。

想要了解大石公園當下的富士山景色、花卉狀況或遊客人數，可查詢大石公園官方的即時影像，這對遊客非常有幫助。需要特別注意的是，每年11～4月，因為天氣寒冷，所以沒有花卉盛開，前往大石公園的話便要特別留意。

富士山與湖景一次擁有，特產滿滿的購物景點

河口湖自然生活館

　　毗鄰大石公園的河口湖自然生活館，整個園區依河口湖畔而建，提供觀賞富士山的絕佳視角。在這裡漫遊，可以呼吸到新鮮的空氣，並且能夠享受周圍的美麗景致。館內是購買伴手禮的好地方，販售當地名產如藍莓、薰衣草等為主題的食品和商品。藍莓果醬、薰衣草枕頭以及各式小擺設等，無論是自用還是送禮都十分合適，此外，還有與富士山相關的紀念品和傳統工藝品，讓人忍不住多買一些。

　　這裡一年四季都會舉辦藍莓果醬製作體驗，每場活動長達40分鐘，親子遊也能參與。生活館與附近的果農合作，提供摘水果的體驗，從6月下旬～7月中旬有櫻桃，7～8中旬是藍莓，8月中旬～10月上旬則是小番茄，特別適合與朋友、情侶或家庭一起前來體驗。

　　在河口湖自然生活館的一樓，還可以品嘗各種口味

東京近郊 ■ 富士山

1,2.河口湖自然生活館／3.農產物直賣所，有小吃、水果及當地野菜販售／4,5.館內搜羅零錢包、杯墊等特色富士山小物／6,7,8.不時會舉辦市集，售賣山梨縣內生產的時令水果／9.推薦這裡有名的藍莓霜淇淋／10.眾多薰衣草特產，選擇非常多

的霜淇淋，其中藍莓口味最受歡迎。館內還有一間能夠觀賞富士山的咖啡廳，提供咖啡、飲料、烏龍麵和咖哩飯等餐點，讓遊客可以一邊享受美食，一邊欣賞富士山的壯麗景色。無論是大石公園的花田、農產品直銷店，還是富士大石花園平臺，度過一整天都不是問題。

河口湖自然生活館設有約90個免費停車位，週末假日時，這裡吸引不少遊客前來。若想避免找不到停車位，建議一早前來，有機會看得到逆富士如畫的奇景。

每年薰衣草季結束後，這裡會舉行花火大會，遊客可以在此觀賞河口湖上空的煙火表演，冬季時也有機會看到雪景。搭乘河口湖周遊巴士的紅線路線便可輕鬆抵達，由於這是終點站，從這裡出發前往河口湖車站時，通常能找到座位。河口湖自然生活館與大石公園四季展現不同的面貌，讓人忍不住一訪再訪，收集每一個季節的富士山美景。

http www.fkchannel.jp/naturelivingcenter
山梨縣南都留郡富士河口湖町大石2585
09:00〜17:45(冬季10〜2月至17:15)

189

河口湖畔休閒好去處
富士大石花園平臺

與大石公園及河口湖自然生活館相連的「富士大石花園平臺」，是一個集合餐飲與購物的複合式設施。這裡擁有多家特色店鋪，販售富士吉田等地的紡織品，以及可以一邊欣賞富士山景色的咖啡廳等。建築物以白色牆面為主，搭配栽種的植物，整體環境如同一個優雅的花園。儘管與兩個熱門景點相連，富士大石花園平臺內並不擁擠，若想悠閒地度過安靜的時光，還能拍些美照，這裡是個理想的選擇。你可以先在大石公園及河口湖自然生活館拍照逛逛，再來這裡品味咖啡或瀏覽小店。

　園區內的店鋪數量不超過十家，各家店鋪之間有良好的區隔，讓遊客可以輕鬆逛街，不會感到擁擠。這裡有兩家特別值得推薦的店鋪，我將與大家分享。

http www.fujioishihanaterasu.com ｜ 山梨縣南都留郡富士河口湖町大石1477番1 ｜ 依各店鋪不同

體驗山梨縣水果的無窮魅力
葡萄屋 kofu ハナテラス café

http www.budoya-kofu.com ｜ 10:00～17:00

這一家「葡萄屋kofuハナテラスcafé」是提供山梨縣產水果包括葡萄、白桃為中心製作的甜點的咖啡廳，白桃經過細心挑選，霜淇淋沒有用上牛奶，當中又以每個季節推出的聖代和水果甜點拼盤最受歡迎。

　甜點數量限定，雖然現場可以拿號碼牌候位，但仍建議先上官網預約，雖然價格不便宜，但能避免品項售完。店鋪分為戶外與室內

東京近郊 ■富士山

座位，就算是盛夏，外面有遮陽也不致太熱。

店鋪提供的聖代以山梨縣產白桃製作，聖代鋪滿一整個白桃，十分奢侈，咬下去新鮮多汁又清甜，味道高雅，而且拍照很好看。隨著不同季節有不同時令水果，大家可以在到訪的時節吃到當地最新鮮的水果甜點，非常推薦前來體驗。

名物信玄餅製作的甜點
Hana Cafe Kikyou

kikyouya.co.jp ｜ 09:00～17:00

山梨縣的名產伴手禮是桔梗信玄餅，富士大石花園平臺這一家是由桔梗屋直營的咖啡廳，店內充滿花的氣息，室內處處掛滿乾花裝飾，提供信玄餅霜淇淋與各種飲料，有室內也有戶外座位，也有販售招牌商品信玄餅。以信玄餅、黑蜜、華夫筒等製作的霜淇淋，一天可以賣出高達2,000個，足證人氣十足。

1.富士芝櫻祭，好天氣之下，桃紅色的芝櫻與藍天形成的顏色對比非常優美／2.芝櫻並不是櫻花的一種，仔細看便是一朵朵小花／3.多種顏色的芝櫻形成拼布一般的風景／4,5.多種造景，可以拍個不停／6.候車前往芝櫻祭的巴士／7.以芝櫻為主題的甜點

富士山下的夢幻粉色燦爛花海
富士芝櫻祭

　每年4月中～5月中，過了染井吉野櫻的季節後，便是芝櫻登場的時節，每年的富士芝櫻祭，是首都圈其中一個最大規模的芝櫻祭，也是日本其中一個最受歡迎的花祭。在富士山本栖湖度假村附近的一片廣闊土地將會被一片粉紅色、桃紅色與白色、超過52萬朵芝櫻所覆蓋，宛如一層層地毯，色彩繽紛得如夢似幻，加上富士山的巨大身影，粉紅色的芝櫻與藍色的富士山顏色對比強烈，明信片一般的景色美不勝收。

　現場有售賣小吃如吉田烏龍麵、富士宮炒麵等攤販，也有販售限定甜點及伴手禮，吸引日本國內及海外遊客前來觀賞，場面熱鬧，是每年春季富士山一帶的盛事。

　芝櫻其實並不是櫻花的一種，是只有約1.5公分大的小型植物，只是花的形狀與櫻花相似而且長在草地，日語中的草地是「芝生」，因而被稱為芝櫻。視每年的天氣狀況，芝櫻的觀賞期可

東京近郊　■富士山

能與日本黃金週重疊，屆時參觀的人數將會變得非常多。

　　現場占地廣闊，也有不同的庭園造景及布置，芝櫻以外也有多種春季盛開的植物，拍照地點十分豐富，會場內也設有足湯，可以一邊泡腳一邊欣賞眼前美景。選個好天氣的日子前往，便能留下難忘的旅遊回憶。

　　芝櫻祭舉辦期間，在富士山站、河口湖站等也會有直通巴士運行，非常方便，從河口湖站出發坐車至會場約需30分鐘，唯活動期間可能引起塞車，安排前後行程時需保留緩衝時間。進入園區內也需要購票，除了現場購票，也建議先在網路預約會比較便宜，在官網上也有發售從東京、新宿出發來回芝櫻祭的巴士與門票套票，數量有限，可以的話務必事先預約。

> http www.fujimotosuko-resort.jp/flower/shiba-zakura｜◎ 山梨縣南都留郡富士河口湖町本栖212富士本栖湖リゾート｜⏰ 每年約4月中～5月中｜$ 1,000～1,200日圓（隨時期不同）

193

1.富士山的紅葉畫框，秋季可以說是河口湖其中一個最美麗的季節／2.富士山、芒草與紅葉／3.傍晚的富士山與紅葉／4.灑落地上的葉片形成紅葉地氈，各有各的美／5.不一定在會場，沿著湖畔散步也能找到不少美景／6.不同顏色的楓葉形成絕美漸層，晚間點燈時的紅葉迴廊人潮絡繹不絕

人氣最旺！富士山下的絕美紅葉隧道
河口湖紅葉迴廊

　　每年秋季，河口湖畔的「富士河口湖紅葉祭」是最具人氣的活動之一，至今已經有超過20年的歷史，成為秋季來臨時，河口湖必去的景點。活動期間從11月上旬到下旬，河口湖畔的400～500株楓樹會逐漸變紅，尤其在「紅葉迴廊」一帶，晚上更會點燈，營造出夢幻般的景色。活動進場完全免費，吸引了大量國內外遊客前來觀賞。會場內有設置洗手間、觀光資訊中心以及小吃和伴手禮的攤販市集，讓遊客可以一邊欣賞美景，一邊品嘗當地的美食。

　　主會場的紅葉迴廊長約150公尺，兩側的楓樹形成一條美麗的紅葉隧道，紅、橙、黃的漸層色彩猶如夢境，特別受攝影師青睞。白天，楓葉的鮮紅色調非常吸引眼球，而晚上點燈後，則散發出浪漫溫暖的氛圍，成為情侶拍照的熱門地點。點燈的時間大致上從日落開始，持續到晚上9點半左右。此時，周圍的商店大

東京近郊 ▰ 富士山

部分已經關門，氣溫也會下降，因此，前來觀賞的遊客需要做好保暖措施。

建議遊客在11月中下旬前往，這段時間是觀賞最美紅葉的最佳時機。不過，由於紅葉的變化受天氣影響，建議出發前查看官方網站提供的即時影像，了解當地紅葉的實況。若紅葉尚未完全轉紅，可以選擇晚上來訪，這樣可以在白天和夜晚兩種不同的景色中享受紅葉之美。除了河口湖，富士五湖地區的西湖紅葉台、精進湖和山中湖等地也有美麗的紅葉可供欣賞。

每年紅葉祭期間，尤其是在週末假日，河口湖的交通會變得相當擁擠，因此建議提前規畫行程，避免交通高峰。如果有時間，也可以將久保田一竹美術館納入行程，該美術館距離紅葉祭的會場步行距離很近。若有足夠的體力，還可以從河口湖大橋附近沿湖漫步，途中可欣賞到不同的紅葉景致，天氣晴朗時，這段路徑絕對值得一走。

fujisan.ne.jp/pages/433 | 山梨縣河口湖畔河口梨川 | 每年約11月上旬～下旬

195

FOOD

山梨名物餺飥的鄉土好滋味

ほうとう不動

🌐 www.houtou-fudou.jp ｜ 📍 山梨縣南都留郡富士河口湖町船津3631-2 ｜ 🕐 11:00～19:00

餺飥(ほうとう)是山梨縣的特色鄉土料理，通常由粗扁的小麥粉麵條、各種新鮮蔬菜和味噌湯底燉煮而成，呈現熱騰騰、濃郁香氣的美味。這道料理常見於秋冬季節，特別適合用來抵抗寒冷。麵條軟滑有彈性，湯頭中融入了南瓜、芋頭、高麗菜等食材，帶來一股鮮甜的滋味，與味噌湯底的濃郁口感交織在一起，豐富又營養。

餺飥的起源已無從查證，有一種說法認為，由於富士五湖地區不適合栽種大米，當地居民便改為種植小麥，因此發展出了這道特色料理。至於「餺飥」這個名字，有人認為它與武將武田信玄有關，傳說信玄曾用自己的寶刀切麵團做成麵條，而「寶刀」與「餺飥」在日語中的發音相似。雖然這個故事無法考證，但它成了這道料理有趣的傳說。

在河口湖一帶，有一家非常受遊客歡迎的餺飥專門店，位於河口湖車站對面。店門一開，總是能看到不少遊客在等候入座，等候時間大約是20～30分鐘。這裡的餺飥可以先品嘗原味，之後根據個人口味加入不同的辣味調味料，增添風味，是讓人暖胃又滿足的選擇。如果你來到河口湖，不妨來這裡一試，體驗地道的山梨縣風味。

1.每人必點的餺飥，幾乎人手一鍋，麵條非常軟滑，配合溫潤的湯頭，特別適合秋冬來吃／2.ほうとう不動河口湖站前店／3.店內有普通座席跟榻榻米座位／4.店外總是排滿等候的觀光客

東京近郊 ■富士山

FUJISAN SHOKUPAN

一口吃掉富士山？富士山形狀的麵包

fujisan-shokupan.com｜山梨縣南都留郡富士河口湖町船津3462-11｜11:00〜18:00｜休 週四

　位於河口湖車站附近的這家麵包店，步行至車站約需6分鐘，最大的特色是販售富士山形狀的麵包。藍色與白色相間的麵包基底，切開時呈現層層富士山吐司的樣貌，造型可愛，讓人忍不住想帶回家。

　麵包使用富士天然水及山梨縣產的巨峰葡萄汁製成，口感甜美，非常美味。不管是單獨品嘗或放入烤箱烤成吐司都十分合適。店內還有販售富士山布丁，帶有蘇打汽水的風味，搭配鮮奶油十分和諧，非常適合作為飯店的甜點。由於這家店很受歡迎，許多人都會在回程時順道購買，接近關門時有可能賣完，因此可以根據自己的行程選擇合適的時間來購買。

1.富士山造型布丁／2.富士山吐司有精美的盒裝或普通袋裝／3.富士山形狀的餅乾／4.富士山吐司只有全條或是半條，半條的則只有袋裝／5.FUJISAN SHOKUPAN

東京近郊
Fujisan

富士山 必買伴手禮

在河口湖周邊，除了可以盡情欣賞富士山的美景外，也別忘了挑選各式特色伴手禮與富士山相關的產品！在河口湖、富士吉田都有伴手禮商店，最受歡迎的商品莫過於富士山圖案的商品，包括餅乾、麵包、蛋糕等美味食品，還有富士山為主題的明信片、工藝品及紀念品等。這裡也能購得山梨縣的各種特產，如七味粉、烏龍麵等，無論是自用或是送禮，都非常合適！

1.各種富士山明信片，適合收藏或是寄給朋友／2.以富士山為造型的零錢包、手帕及餐具／3.桔梗信玄餅是山梨特色的甜點伴手禮／4.富士山周邊地區及山梨縣限定產品／5.山梨限定的這款羊羹是富士山造型

水果王國──山梨縣

山梨縣被群山環繞，屬於盆地氣候，日照時間長又有充沛的乾淨水源，加上早晚

山梨縣盛產水果一覽（豆知識）

1月：草莓
5～6月：櫻桃
6～8月：桃子、李子、日本梨
7月：藍莓
8～9月：麝香葡萄、巨峰葡萄
10～11月：柿子
10～12月：蘋果

東京近郊 ■ 富士山

溫差大，適合種植高品質的水果，有日本生產量第一的桃子、葡萄及李子等。新鮮水果沒法帶入境回台灣，來到山梨及富士山一帶時，可以在超級市場、特產品專賣店等買到新鮮又便宜的各種水果及果醬等副產品，很適合帶回飯店，也可以在當地的咖啡廳品嘗水果聖代等甜點。

1.桃子是山梨最具代表性的水果，果肉柔軟、香甜又多汁／2.山梨縣是日本三大藍莓種植地，當季時也有採藍莓的體驗可參加／3.山梨因盛產葡萄，也順理成章成為日本釀葡萄酒有名的地區

把山梨人的家鄉味帶回家

山梨縣的特色美食包括餺飥和吉田烏龍麵，以麵類料理為當地的代表。尤其在富士山麓一帶和吉田地區，有一種名為「すりだね」(Suridane)的辛味調味料，主要以紅辣椒為基底，搭配芝麻、山椒等材料，經過油炒製成濃郁的調味醬。這種調味料幾乎出現在所有的烏龍麵店和餺飥店的桌上，是當地人心中的家鄉味。口感香辣且帶有濃郁的香氣，每家店販售的すりだね味道都可能略有不同，根據所使用的原料會有各種變化。將它加入麵類或湯頭中，能為味道增添不同層次，無論是搭配白飯、拌麵，或是配合各式料理，都非常適合，是一款萬能的調味料。

1.超市及商店都有販售多種尺寸的すりだね，送禮自用兩相宜／2.各種山梨的辛味調味料以及餺飥／3.以口感偏硬著稱的吉田烏龍麵有泡麵版本

199

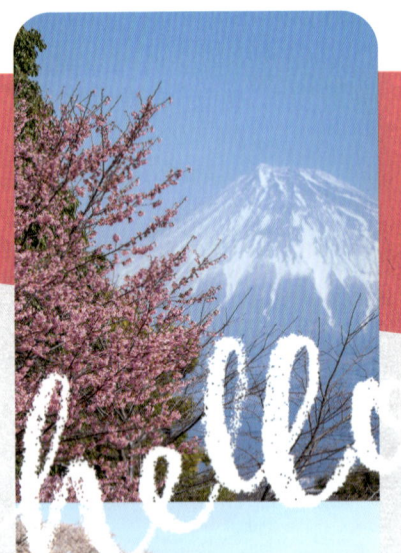

嚴選打卡景點

欣賞靜岡縣視角的富士山美景

在這篇富士山周邊區域的介紹中，我們已經涵蓋了不少富士山的熱門打卡景點，但大多數集中在山梨縣。實際上，富士山橫跨山梨縣與靜岡縣，兩縣的居民各自認為富士山的正面是面對自己的，這樣的地域爭議對外國人來說也別具趣味。在這兩個縣，能夠欣賞到富士山美景的地方數不勝數，我挑選了四個不同的景點，讓大家可以拍攝到獨特的富士山美照，享受不一樣的風景。

Tips　如何查看富士山能見度？

一般來說，秋冬季節的氣溫較低，空氣也更加澄明，通常早晨是最容易看見完整且清晰的富士山美景。有時春夏季節也能欣賞到富士山，甚至在東京市區也有機會一睹其風采。出遊時我會事先參考「富士見予報」的圖表，了解當天是否有機會看到富士山。

通常中午之前的富士山景象最為清晰，如果當天雲層較少，黃昏時分的富士山也是值得期待的。不過，如果富士山的數值較低，天氣無法完全掌握時，就保持平常心吧！

http 富士見予報網址：fuji-san.info

東京近郊 ▍富士山

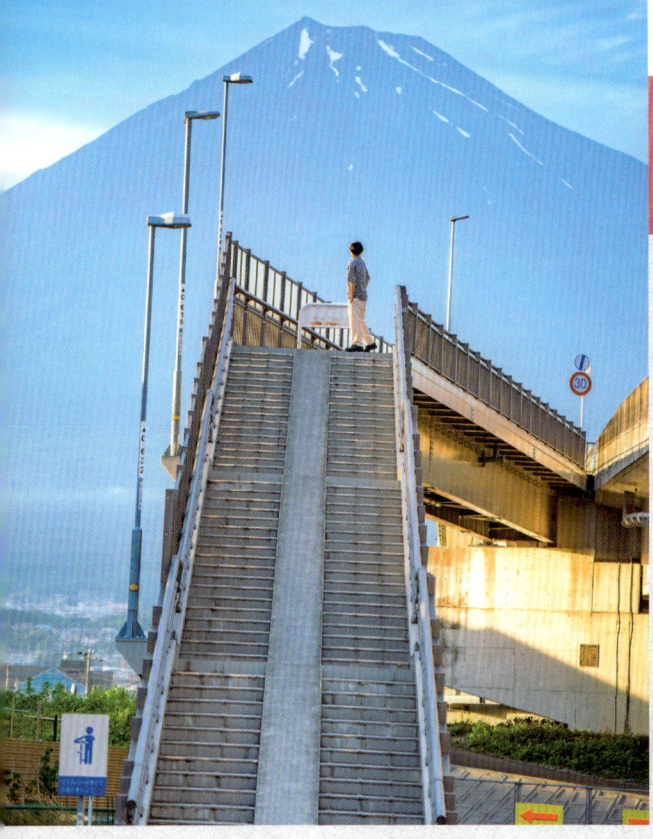

這條大橋原本只是條普通的大橋，因為富士山背景在網路爆紅

前往富士山的天梯
富士山夢之大橋

近年來，可能在社群媒體上看到過一條看起來像通往富士山的樓梯，充滿夢幻感。這條樓梯是位於靜岡縣富士市的「富士山夢之大橋」，從南面看向北面，可以清楚地欣賞到富士山壯麗的身影。大橋中央是車道，旁邊則有樓梯和步道，是拍照的好地方。使用長焦鏡頭或手機的變焦鏡頭，從樓梯下方拍攝，可以營造出像是正要登上富士山的效果，無論白天還是黃昏拍攝，都十分迷人。

富士市本身並沒有許多著名的景點，周圍多為住宅區和工廠，這個景點在網路上爆紅，讓當地人也感到意外。這條大橋距離富士車站大約步行35分鐘，並不算是非常便利的景點。在前往拍照時，務必留意周圍的環境，避免亂停車或進入私人土地，並請遵從現場工作人員的指示。

Google地標：35°09'01.2"N 138°40'31.9"E
靜岡縣富士市蓼原

昭和商店街相配的富士山景
富士車站

藍天無雲、懷舊的商店街街景，搭配上巨型的富士山背景，這樣的畫面看起來彷彿是合成的照片或AI生成的圖片，但它卻真實存在。這是從JR富士車站北口二樓外的平臺拍攝的，使用長焦鏡頭可以壓縮景深，讓富士山看起來更接近，尤其在冬季，富士山的山頂積雪更是美不勝收。富士站外的這條商店街上，有不少店鋪其實已不再營業，保留著昭和年代的風格，清晨拍照時，更有荒涼的魅力。

其實富士市的許多地方都能欣賞到富士山的壯麗身影，雖然這裡的觀光元素不算多樣，但如果你不特別為了拍照而來，我認為也不需要專程前往。然而，如果不拘泥於某個特定的拍照點，在富士市散步或開車到處走走，隨意停下來，你也能發現不少值得拍攝的美麗景點。

富士車站看出去的巨型富士山

📍 靜岡縣富士市本町1-1

當地人不告訴你的櫻花祕點
米之宮公園

靜岡縣每年2～3月，在伊豆地區舉辦的河津櫻花祭，是東京近郊早春的一大盛事。當伊豆河津擠滿了觀光客時，我總會尋找一些更為悠閒、輕鬆的地方來欣賞河津櫻。在富士市，有一個不為大多數觀光客所知的櫻花景點，開

東京近郊 ■富士山

花期與河津櫻相近，即便是在櫻花盛開的假日下午，這個公園依然寧靜，非常適合帶著食物來野餐、放鬆、拍照，還設有兒童遊樂場。

由於它偏離主要的觀光景點，距離車站也有一段距離，這裡完全沒有遊客，也不收取入場費，是我私心推薦給本書讀者的隱藏景點。公園旁邊就是米之宮淺間神社，可以順道參拜，還可以入手御朱印帳。

📍 靜岡縣富士市米之宮町303番地

1.富士山與櫻花的同框美照／2.滿開的粉紅色河津櫻，陽光灑落時怎麼拍怎麼美

與櫻花、河流同框的絕美景點

潤井川龍巖淵

位於富士市與富士宮市邊界的龍巖橋，是一個可以一覽潤井川與富士山美景的好地方。這裡的約50株櫻花樹是當地居民於1969年所種植。每年3月下旬～4月下旬，河畔的染井吉野櫻與油菜花齊盛開，富士山作為壯麗背景，吸引了眾多遊客前來拍照，是靜岡縣內其中一個人氣賞櫻景點。

特別推薦在氣溫較低且空氣清新的早晨來到這裡，這樣更容易看到清晰的富士山景色。由於染井吉野櫻的開花期較短，能看到最美的景象往往需要一些運氣。由於現場並未設有停車場，建議搭乘JR電車前來。

📍 靜岡縣富士市久沢

1.富士山、櫻花、油菜花，如畫的景色非常不真實／2.染井吉野櫻的花期不到一週，很需要運氣與事前功課／3推薦帶拍照小道具讓照片更有特色，例如富士山包裝的飲料

203

從東京出發只需約 90 分鐘，便可以來到位於栃木縣、被大自然所圍繞的日光市，以壯麗的日本三大名瀑之一「華嚴瀑布」、世界文化遺產「日光東照宮」等眾多著名景點為人熟知。日光有著溪谷、湖泊及山脈等豐富的自然景觀，秋季時紅葉景色醉人，是關東地區首屈一指的賞楓好去處。

奧日光的中禪寺湖風光秀麗，自明治時代便是駐日外交官們的度假勝地，使日光具有日本的歷史風情之外，也添上一分異國氣息，一直以來備受日本人及海外遊客歡迎，值得好好感受大城市以外的寧靜之美。

日光

NIKKO

日光地圖

東京近郊 ■日光

前往日光的交通方式
Let's Go

從東京前往日光，最方便的方式是搭乘東武鐵道或 JR 電車，選擇搭哪家鐵道可根據出發地點和是否持有交通 Pass 來決定。

如果從淺草出發，可以搭乘東武鐵道的特急列車直達東武日光站，不需要轉車，車費相對便宜。如果從新宿出發，則可搭乘 JR 與東武鐵道直通的特急列車，同樣直達東武日光站，時間與東武特急相近。

由於前往日光一日遊通常會早出發，建議先決定好前一晚的住宿地點或回程的安排，這樣就能更快確定搭乘哪種交通方式，節省時間並提升旅行效率。

東京 ⟷ 日光
Tokyo Nikko

乘坐東武鐵道

從東京市區搭乘東武鐵道前往日光，有兩種方式：1. 搭乘普通列車 (慢車)：需要換乘二至三次，過程麻煩且耗時，不太推薦。2. 搭乘特急列車 (Revaty 華嚴號、SPACIA X 等)：可以從淺草站、東京晴空塔站、北千住站直達日光，無需換車，是最方便的選擇。

特急列車每小時約 1 ～ 3 班，從淺草站出發

從淺草出發的列車目的地眾多，必須確認清楚

東武特急列車

從東京主要車站出發

淺草站	新宿站	東京站
東武日光線 (特急華嚴號) 約 1 小時 50 分鐘	JR 宇都宮線 東武日光線 (特急日光) 約 2 小時	JR 東北新幹線，約 50 分鐘
		宇都宮站
		JR 日光線，約 45 分鐘
		日光站
		走路，約 3 分鐘
東武日光站		

製表：米克

205

約需 1 小時 50 分鐘。如果希望舒適又省時，建議選擇特急列車，並提前劃位確保座位。票價如下：

- 一般特急列車：單程 3,050 日圓
- SPACIA X（新型號列車）標準座位：單程 3,340 日圓

特急列車的座位寬敞舒適，車上有充電用的USB插孔

乘坐JR直通列車

從 JR 新宿站或池袋站出發，也可以搭乘直通特急列車前往日光，由於這些列車屬於 JR 與東武鐵道的直通運輸，起點是 JR 站，但終點是東武鐵道的車站，這種跨公司列車在日本的長途路線中相當常見，購票時需特別留意。

這類列車包括：

- 日光號 (NIKKŌ)
- SPACIA 日光號 (SPACIA NIKKŌ)

直通特急列車資訊：

- 車程時間：約 2 小時（無需換車）
- 單程票價：4,090 日圓（全車指定席，無自由席）
- 下車站：東武日光站（不是 JR 日光站）

Tips 提前購票最聰明

因為日光與奧日光之間的伊呂波坂車路較窄，在旅遊旺季特別是紅葉季節及日本連假期間，日光常會出現塞車或公車站大排長龍的情況，甚至可能無法搭上公車。因此安排行程時不宜過於緊湊，務必預留足夠的時間。如果可能，最好提前購買交通 Pass，並在網路上預訂各種交通 Pass，這樣可以避免現場排隊的等待時間。

我強烈建議大家在從東京出發時就先安排好回程的劃位車票，尤其是傍晚時分，日光會有大量遊客同時回程至東京。如果沒有事先準備好回程的指定席車票，現場可能無法購得理想的班次，尤其在人多的情況下，可能會連續兩三班特急列車都售罄，結果只能在車站等候，既浪費時間，也可能讓行程大失預算。

出發時預先訂票

在東武鐵道的中文官網，有網路訂票系統可提前預約特急列車的劃位票，最早一個月前就開放預約，想要確保有座位的朋友必定要留意。

http www.tobu-ticket.jp/guest/EBA01/GEBA01010.xhtml

How to 購買去日光的交通 Pass

日光世界遺產區域周遊券

　　日光世界遺產區域周遊券 (NIKKO PASS WORLD HERITAGE AREA) 是由東武鐵道推出的兩天券，可乘坐往返淺草至下今市的普通或快速列車各一次，不限次數乘坐下今市至東武日光、新藤原之間的東武鐵道全線，以及世界遺產地區的東武巴士路線，成人票價 2,120 日圓，乘坐特急列車時需另加購特急券。

　　這張票券沒有包含至中禪寺湖、華嚴瀑布等奧日光地區的車費，適合想以世界遺產景點的日光東照宮、二荒山神社等，甚至鬼怒川為行程重點的朋友。以指定路線巴士來往日光車站至世界遺產區域的景點時，出示周遊券就可自由上下車，省去找零錢的時間。

日光廣域周遊券

　　日光廣域周遊券 (NIKKO PASS ALL AREA) 同樣是東武鐵道所推出，有效期限為 4 天，使用範圍更涵蓋了中禪寺湖、湯元溫泉等奧日光地區，可以說是世界遺產區域周遊券的升級版，更可以乘坐中禪寺湖遊覽船及日光江戶村循環巴士等。

　　成人票價分春夏 (4/20 ～ 11/30)4,780 日圓及秋冬 (12/1 ～ 4/19)4,160 日圓兩種，乘坐特急列車時需另加特急券費用。加購特急券後的價格，只比普通買兩張單程特急貴 2,000 日圓左右，但卻有 4 天的使用期限，CP 值相當高，特別適合想一次造訪日光重要景點，或是會在日光住宿的朋友購買。

東京廣域周遊券

　　東京廣域周遊券可以在 3 天內不限次數乘坐指定範圍內的普通列車、特急列車、新幹線等，且使用範圍包括日光。由於 JR 直通東武鐵道的票價相對較高，如果已購買東京廣域周遊券的朋友，乘坐該券會比較划算，前提是計畫在 3 天內還會利用周遊券前往輕井澤、河口湖等其他東京近郊地區，這樣使用會比分開購買單程票便宜。然而，如果只是單純往返東京與日光，我建議還是選擇搭乘東武鐵道會更為方便。詳情請見 P.17。

東武日光車站

JR日光車站

日光的移動方式

Let's Go

前往奧日光的主要景點，遊客需要從東武日光站外的公車站搭乘公車，由於遊客眾多，公車經常擠滿人。因此，建議在出發前先購買交通 Pass，這樣可以向司機出示 Pass，快速上下車，而不必浪費時間計算車費或找零錢。

大部分前往奧日光的公車都會經過日光東照宮所在的世界遺產地區。中禪寺溫泉巴士站則可算作奧日光的交通中心，從這裡可以搭乘前往 JR 東武日光站、湯元溫泉或半月山的公車。

日光車站出發至各主要景點之距離（公車）

日光東照宮	16 分鐘
明智平	35 分鐘
中禪寺溫泉	45 分鐘
湯元溫泉	1 小時 17 分鐘

Tips 需留意日光的早晚溫差

日光被大自然所環繞，特別是奧日光地區，海拔高達 1,300 公尺，氣溫隨季節變化也有很大差異，因此需特別留意早晚的溫差。在盛夏的 7、8 月期間，奧日光的平均氣溫約為 23 度，較東京低 2～3 度。進入秋季的熱門賞楓季節，奧日光的氣溫有可能比東京低達 10 度，因此前往賞楓時需要特別注意保暖。

到了冬季，日光屬於降雪地區，市區的氣溫通常約為 0 度，能夠欣賞到雪景。如果是自駕前往，需留意道路可能結冰，建議在租車時預約冬季用輪胎並小心駕駛，或選擇搭乘大眾交通工具。

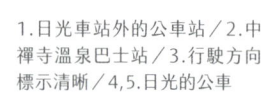

1.日光車站外的公車站／2.中禪寺溫泉巴士站／3.行駛方向標示清晰／4,5.日光的公車

東京近郊 ■日光

東京近郊
Nikko

日光 不能錯過的名物

日光天然冰

夏天來到日本，品嘗透心涼的刨冰絕對是一大享受，日光的刨冰使用的是天然冰，是利用當地的天然環境冷藏製作的，這樣的冰塊來自稱為「冰室」的冰廠。在昭和時代，全日本曾有超過100家冰室，而如今全國只剩下5家，其中3家就位於日光。

因為天然冰是在自然環境中慢慢結凍，吃起來不會感到頭痛，削成薄片後也不容易融化，口感更為鬆軟。來到日光旅遊，千萬不要錯過這個清涼滋味！

草莓甜點

日光所在的栃木縣，有著豐富的水源，氣候溫和，早晚溫差大，生產的草莓特別好吃，產量更是日本第一。在日光就能夠吃到各種以草莓製成的甜點，產季落在每年12月上旬～5月下旬。

湯波

湯波（ゆば）是加熱豆乳時表面形成的一層薄膜，也就是豆皮的意思。在日本，湯波的兩大產地是京都和日光，雖然發音相同，但在京都地區的漢字寫作「湯葉」。在台灣，豆皮通常只是餐桌上的配角，但在日本，豆皮則是食文化中的主角。湯波由禪僧最澄從中國傳入日本，並逐漸成為精進料理中的重要食材，以及社寺供品之一。

1.以日光天然冰及當地草莓所製作的刨冰／2.草莓聖代／3.以豆乳及湯波製作的炸饅頭，酥脆又鹹甜／4.以湯波、山菜作配料的蕎麥麵，在日光的餐廳是非常常見的餐點

奧日光的代表景色、乘坐纜車欣賞華嚴瀑布
明智平展望臺

　明智平展望臺是日光代表的展望臺，就像奧日光的大門一樣，是從日光車站乘坐公車，穿過蜿蜒曲折的山路「伊呂波坂」至奧日光地區時的必經之地。乘坐每台只能載16人的小小纜車，只需3分鐘便可達展望臺。

　從展望臺正面可欣賞到有日本三大瀑布之一稱號的華嚴瀑布，華嚴瀑布的水來自中禪寺湖，湖水從高達97公尺的地方一氣傾瀉而下，氣勢磅礴。在展望臺上同時可以看到整個中禪寺湖、男體山、屏風岩及遠處延綿不斷的群山，充滿層次。

　如果是在秋天前往，最好是提早出發，盡量避開塞車。售票處是選用自動售票機的形式，有工作人員在旁協助，不會日文也沒有關係。

1.從明智平展望臺看出去的景色秀麗／2.夏季時的男體山充滿綠意／3.小巧的明智平展望臺纜車／4.展望臺上有多個角度賞景

http www.nikko-kotsu.co.jp/ropeway｜栃木縣日光市細尾町｜纜車09:00～15:30｜來回1,000日圓

東京近郊 ■日光

1.時值紅葉季，漸層的秋葉讓人目不暇給／2,3.乘坐升降機前往觀瀑臺，近距離欣賞華嚴瀑布

雄偉壯觀，日本三大名瀑布之一
華嚴瀑布

代表奧日光的湖泊——中禪寺湖，海拔1,269公尺，是全日本位處海拔最高的湖泊，湖水流過大谷川流出，最後與鬼怒川合流，而最上流的部分便是華嚴瀑布，與和歌山縣的那智瀑布、茨城縣的袋田瀑布並列日本三大名瀑布。從入口便可窺見華嚴瀑布的強大氣勢，也可以乘坐付費的升降機前往觀瀑臺，近距離從下而上觀賞瀑布。

www.kegon.jp｜栃木縣日光市中宮祠2479-2｜3/1～11/30：08:00～17:00；12/1～2/28：09:00～16:30｜乘坐華嚴瀑布升降機每位成人570日圓

Point
伊呂波坂

連接日光市區與奧日光地區之間的伊呂波坂山路，分成上坡跟下坡兩條車路，最大特色是一共擁有48個急彎，坐車經過時可感受到大自然氣息，秋天時更是被滿滿的紅葉漸層所包圍，因為地勢的高低差較大，一般從9月下旬開始轉色，到11月初都可以看到紅葉。

從明智平展望臺遠眺伊呂波坂

一覽世界文化遺產的豪華絢麗

日光東照宮

　日光除了擁有壯麗的自然景色外，還以其豐富的文化底蘊吸引了大量遊客。日光東照宮、日光山輪王寺及日光二荒山神社，這三大主要景點共擁有103棟建築，內含國寶與重要文化財，合稱「日光社寺」，亦被稱為「二社一寺」。這些景點於1999年被登錄為聯合國世界文化遺產。由於主要建築距離相對接近，可以輕鬆步行在一天內完成參觀。

　日光東照宮於1617年建成，是為祭祀日本江戶時代第一位將軍德川家康所設。經過動盪的戰國時代，江戶時代迎來了相對的和平與穩定，並在經濟、文化等方面取得了顯著發展。由於德川家康卓越的軍事才能及治國能力，他被後人視為最偉大的統治者之一。日光東照宮的最大特色就是其豪華且金碧輝煌的設計，許多建築上精緻的雕刻以人物、動物及植物為主題，再加上各種色彩鮮豔的彩繪與上漆，形成了一幅絢麗的景象。

東京近郊 ■日光

1.鳥居與陽明門／2.入場券可透過自動售票機購買，如事先在網路買票便能省略排隊時間／3.陽明門左右兩旁的雕刻迴廊外充滿彩色的花鳥雕刻／4.沉睡的貓／5.往奧宮需要爬上200多階的樓梯／6.日光三猿／7.唐門／8.在日光有不少以日光三猿為形象的紀念品／9.沉睡的貓御守及神籤等紀念品等也十分受歡迎

進入付費區後，最引人注目的當屬神殿舍的樑柱上的猴子雕刻。三隻猴子分別呈摀眼、摀耳、摀嘴的姿態，出自孔子《論語》中的名句「非禮勿視，非禮勿聽，非禮而言，非禮勿動」。很多人可能並不知道，手機表情符號中摀眼、耳、嘴的猴子，其實就是源自日光東照宮的「三猿」，是遊客必拍的打卡景點。

陽明門的外觀莊嚴，並被指定為日本國寶，門上覆有約24萬塊金箔，極其華麗。門外的雕刻作品包含了麒麟、龍等瑞獸、花鳥、小孩等超過500件。每件雕刻都經過精心設計。

穿過回廊後，需爬上207階樓梯，才能到達德川家康的陵墓。入口處的「沉睡的貓」雕刻同樣被指定為國寶，其背面也雕刻著麻雀飛舞的畫面。這象徵著在戰國時代結束後，弱者才能在和平的時代中安穩生活，寓意著弱肉強食的時代已經過去，迎來了大平盛世。奧宮的氛圍與外界截然不同，有種靜謐與神聖的感覺。

日光東照宮處處皆是看點，除了吸引大量日本遊客，還有不少外國遊客前來參觀。遊客可以在參觀過程中租借語音導覽，聆聽解說使參觀過程更加生動有趣。

www.toshogu.jp｜栃木縣日光市山內2301｜4～10月09:00～17:00；11～3月09:00～16:00（關門前30分鐘停止入場）｜進入付費範圍入場費每位成人、高中生1,600日圓

姻緣的祈願聖地、體驗神聖與大自然
日光二荒山神社

男體山是日光信仰的核心，古時的男體山稱為二荒山，自古以來，二荒山神社因為能夠帶來招福和結緣的效果而聞名，許多日本人會專程來此祈求姻緣順利、人際關係和諧等。

神社的範圍相當廣大，神苑內有許多可供參拜的景點，數量之多，宛如一個專門為願望祈求的主題公園。

在二荒山神社的入口處，有一座橫跨大谷川的朱紅色木造老橋，造型優雅且顏色鮮豔，被稱為神橋。神橋曾在過去的洪水中被沖毀，現今所見的神橋是於1904年重建的，並且被登錄為世界遺產。這座朱紅色的橋在新綠季節與周圍的樹木形成鮮明對比，尤其在秋季，橋與群山的紅葉交相輝映，吸引了大量前來拍照的遊客。

二荒山神社周圍種滿了高聳的杉樹，走在神社的境內，清新的空氣和樹木的陰蔽讓人感到十分舒適與寧靜。拜殿自江戶時代以

東京近郊 ■日光

來一直保持原貌，至今未進行過任何改建，是日光境內最古老的建築群之一。

1.夏季的綠意讓人感到涼爽／2.拜殿前的良緣金兔像／3.二荒山神社、神橋等同樣被登錄於世界遺產錄／4.鳥居與拜殿／5.登橋需要付費，從附近的行人道上也能欣賞／6.天氣好的日子可以看到橋下流淌著清澈無比的河水／7.神苑內有多個地方可供參拜／8.在神社也可以求得御朱印／9.不少人在繪馬上寫上祈求良緣的心願

http	www.futarasan.jp
	栃木縣日光市山內2307
	4～10月08:00～17:00；11～3月09:00～16:00(關門前30分鐘停止入場)

參拜前後的小休片刻
西參道茶屋

栃木縣日光市安川町10-20
10:00～17:00(視店鋪各異)

西參道茶屋位於二社一寺的西參道，這裡聚集了幾家販售以當地食材製作的輕食、甜點及飲料的店鋪，並設有座椅供遊客休息。最受歡迎的美食是加入各種配料的銅鑼燒三明治，有些版本還加入冰淇淋，無論大人或小孩都十分喜愛。

1.紅豆奶油夾心的銅鑼燒三明治／2.一共4家店鋪

探訪千年歷史的佛教聖地
日光山輪王寺

　　日光山輪王寺由僧侶勝道上人於奈良時代創立，起初是作為山岳信仰的寺院，現今是日光地區佛堂、佛塔及15座寺院的總稱，也同樣被登錄為世界文化遺產。

　　日光山輪王寺的建築風格華麗，是日光地區最受尊敬的寺院之一，至今仍是天台宗僧侶的修行場所。正殿「三佛堂」是日光山內最大的木造建築，內供奉著三尊佛像，每尊佛像高達7.5公尺，分別代表日光三山的本地佛：男體山、女峰山和太郎山。仰望這三尊金色佛像，能感受到莊嚴的氛圍和濃厚的歷史氣息。

　　在三佛堂前，有一棵巨大的櫻花樹，名為金剛櫻，估計已有500年樹齡。每年春天，這棵櫻花樹都會吸引大量遊客前來賞花，最佳觀賞期通常為4月下旬。

　　除了三佛堂，日光山輪王寺附近還設有江戶時代創建的日本庭園——逍遙園。除此之外，二荒山神社旁的「大猷院」也是一個

東京近郊 ■日光

1.日光山輪王寺／2.三佛堂／3.金剛櫻高約10公尺，單樹幹的直徑就有5.7公尺，存在感巨大／4.限定的剪紙通花御朱印造型優雅／5.輪王寺拜觀券售票處／6.三佛堂外的池塘／7.日光寺輪王寺的周邊被樹木包圍，充滿綠意／8.逍遙園

值得參觀的場所。若有時間，日光山輪王寺提供多種參觀優惠票券，值得考慮購買，讓您能充分享受這個歷史悠久的場所。

http www.futarasan.jp ｜ 栃木縣日光市山內2307 ｜ 4～10月08:00～17:00；11～3月09:00～16:00(關門前30分鐘停止入場)

豆知識
日本為何那麼多神祇？

日本人自古以來便與大自然共存，進行農耕與捕魚，過著與自然和諧相處的生活。在享受大自然恩惠的同時，日本也是一個天災頻發的地區。根據日本的神道信仰，山、岩石、瀑布，甚至英雄豪傑的靈魂等被視為神明。

這些神明總稱為「八百萬神」，其中的「八百萬」並非指真有800萬個神祇，而是數量極其龐大的意思。

掛上注連繩的岩石，代表著神聖及神域

217

明治時代繁盛的外國大使避暑勝地
舊英國大使館別墅、舊義大利大使館別墅

　　對於越洋而來的駐日大使來說，夏季的東京炎熱難耐，中禪寺湖的四季湖景與他們家鄉的湖泊相似，明治時代中期起，外國外交官紛紛在中禪寺湖畔興建別墅，數量在全盛時期達到40多棟，有「一到夏天外務省就搬到了日光」的有趣說法。薩道義爵士所建的別墅後來成為英國大使館的別墅，自2016年起改為開放給一般民眾參觀。

　　別墅內的長廊，外觀仿似日本建築的「廣緣」，既能通風又能觀賞外面的景色。中禪寺湖的美麗景色盡收眼底。目前，別墅內展示著英國文化的各種物品以及當時奧日光的風景資料。在二樓的茶室，遊客可以一邊欣賞湖畔的景色，一邊享受英式司康餅與紅茶，體驗如同英國紳士淑女般的午茶時光。

　　舊英國大使館別墅旁，步行幾分鐘便可到達舊義大利大使館別

東京近郊 ■日光

1.外面的紅葉與照進來的光線形成一幅畫／2.舊英國大使館別墅／3.館內的茶室提供英式茶點／4.舊英國大使館別墅／5.舊英國大使館別墅／6.在廣緣可以一邊賞湖景一邊休息／7.義大利大使館別墅外觀優雅／8.館內重現當時外交官的度假風景細節／9.紀念公園環境優美，秋天的溫度特別適合散步

墅。這座別墅於1928年建成，多任義大利外交官曾在此居住。經過整修開放給民眾參觀，精心重現了當時外交官的度假生活，從牆壁、地板、家具到餐具等細節，都能感受到那份浪漫與講究。

別墅的外觀懷舊，特別是在秋天的紅葉季節，與周遭的自然環境相得益彰。別墅內部也有類似廣緣的設計，將西式建築元素與日本家屋風格相融合。木質為主的設計簡潔自然，帶來舒適的感覺。坐在室內，欣賞中禪寺湖的美景，不禁讓人感嘆當時的外國外交官真懂得享受生活。

與舊英國大使館別墅同樣與日光的世界遺產景點有些距離，但即便在熱門的紅葉季節，這裡依然不會人潮擁擠。如今，別墅的一角被改建為販售咖啡和飲料的休憩空間，遊客可透過窗外欣賞秋葉，享受一段放鬆的時光。

www.nikko-nsm.co.jp ｜ 栃木縣日光市中宮祠2482 ｜ 4月：9:00～16:00；5/1～11/10：9:00～17:00；11/11～11/30：9:00～16:00 ｜ 休 12～3月；4月每週一 ｜ $ 入場費300日圓；兩館共通票券 450日圓

秋日健行 觀賞漫山紅葉絕景

半月山

　　秋天在日光，除了在日光東照宮周邊欣賞美景外，中禪寺湖附近的紅葉景色也非常迷人。如果你想來點與眾不同的行程，我特別推薦到半月山健行。從中禪寺溫泉車站乘坐公車，約30分鐘即可到達半月山。

　　健行行程大約需要2～3小時，若想同時參觀其他景點，建議在奧日光住宿，這樣時間會更加充裕。若開車前來，這裡也有停車場，從停車場步行約30分鐘即可抵達山頂展望臺。請注意，公車的班次不多，出發前務必確認好時間表。

　　健行的道路是山路，雖然路面平坦且易走，但坡度陡峭。雖然不需要特別的服裝或裝備，但建議穿著適合健行的鞋子，並根據自身體力調整停留時間。

　　半月山展望臺雖小巧，卻提供了極佳的視野，對面便是壯麗的男體山。每年大約從10月中到下旬是紅葉時期，這時中禪寺湖的寶藍色湖水與湖畔的紅葉相映成趣，形成一道美麗的風景，長久

東京近郊 ■日光

1.從展望臺上眺望中禪寺湖與男體山／2.遊覽船上可近距離欣賞八丁出島／3.幸運的話有機會看得到富士山／4.奧日光秋季漫山的斑駁秋色／5.,6.登山道屬於陡峭的山路

以來深受攝影師們的喜愛。湖中的八丁出島在秋天染上橘色、黃色等各種顏色，宛如油畫一般，這是奧日光秋季的代表景色之一。除了秋天，春天的環境也非常宜人，適合健行，但冬天道路會被雪覆蓋，由於安全考量，幾乎沒有人會前來。

半月山的驚喜在於，如果天氣晴朗且空氣清新，從登山道至展望臺的路上，有機會看到遠方的富士山。這真是令人難以置信，我當時也很幸運地看到了淡淡的富士山身影，果然是日本第一高峰的獨特存在感。日光與富士山之間的直線距離足足有164公里，就算在東京都內也不是常常能看到富士山。如果有機會，務必在天氣好的上午前來，這將是一次非常難忘的體驗。

http www.nikko-kankou.org/spot/1330 ｜ 栃木縣日光市中宮祠｜展望臺07:00～17:00（11下旬～4月上旬往展望臺道路不開放）

Tips 前往半月山注意事項

■半月山展望臺與公車站之間沒有設置洗手間，出發前應做好準備。
■登山道上沒有垃圾桶，請記得帶走所有自己的垃圾。
■前往半月山展望臺的公車僅在7月中旬～11月上旬行駛，其他時期只能徒步前往，出發前請確認公車是否有班次。
■冬季期間，由於積雪，道路不開放。

誰能想到，從東京市區出發只需約半小時，便能體驗彷彿時光倒流的感覺？在全日本聞名的「小江戶」川越，漫遊充滿古樸氣息的藏造老街，沉浸於舊日本的時代氛圍中。穿上浴衣拍照，還能選購當地手工藝品作為伴手禮。別忘了朝聖當地以求戀愛運聞名的川越冰川神社，或是品嘗來到日本必吃的鰻魚飯，這些都是定番行程。交通安排也相對簡單，非常適合第一次來東京，或是想輕鬆安排一日遊的朋友。

川越

KAWAGOE

川越地圖

東京近郊 ■川越

前往川越的交通方式 Let's Go

從東京市中心去川越最快只需30分鐘，多個地點都有直達的鐵路線，甚至包括深受遊客喜愛的住宿區域池袋和新宿，非常適合作為半天遊或一日遊的目的地。

東京 Tokyo ⟷ 川越 Kawagoe

池袋出發

池袋是許多遊客來到東京時的住宿選擇，也是購物熱點之一。從池袋出發前往川越，有三種主要的交通方式，其中最推薦的是搭乘東武東上線的急行列車，最快約30分鐘即可直達川越車站，且急行列車不需要額外付費。若選擇搭乘各停列車，雖然也能直達川越，但所需時間會多約10分鐘左右。由於時間差距不大，通常不用太過在意。不過，值得注意的是，有些列車會在川越前的幾個站就作為終點站，因此乘車時要確認所搭列車是否會直接到達川越，否則可能需要轉車。

若持有JR Pass東京廣域周遊券，由於該

1.東武鐵道池袋站／2.東武鐵道旅遊服務中心／3.乘坐東武東上線可直接買票或使用IC卡

從東京主要車站出發

池袋站	新宿站	西武新宿站
東武東上線約30分鐘(急行) JR埼京線約55分鐘(快速)	JR埼京線約1小時(快速) 或於池袋轉乘東武東上線	西武新宿線約45分(特急R小江戶號) 西武新宿線約60分(急行)
川越站	川越站	本川越站

製表：米克

Pass已涵蓋川越站的區間，因此可免費搭乘快速列車前往川越，但需要注意的是，JR線的路程較東武東上線耗時。

此外，池袋站也可搭乘西武池袋線轉乘西武新宿線前往本川越，但因需要換車，乘車時間會較長。因此，若從池袋出發，搭乘東武東上線會更為便利。

新宿出發

從新宿出發前往川越有兩種方式，最推薦的是搭乘西武新宿線前往本川越，建議選擇搭乘急行列車，約一小時即可到達本川越車站。另一種選擇是搭乘需要額外加購特急券的「特急小江戶號」列車，這是一種全車指定席的劃位票。兩種列車都可以直達本川越，不需要轉車，但需要注意的是，特急券（600日圓）的費用比車費（520日圓）高，且特急列車雖然快，但比急行列車僅快約15分鐘。可以根據自身需求，選擇是否搭乘特急列車。

1.乘坐急行列車前往本川越／2.乘坐特急小江戶需另外付費

How to 購買去川越的交通Pass

西武川越券

西武川越券(SEIBU KAWAGOE PASS)是由西武鐵道推出的外國遊客專屬一天券，非常適合想輕鬆遊覽川越的遊客。這張車票可以在西武新宿、高田馬場或池袋的其中一站出發，並且可往返本川越站一次，去程和回程可以在不同車站下車，且只需成人票，每張700日圓，比單次購買來回車票還便宜，因此非常推薦購買使用。

若選擇乘坐特急列車，則需要加購特急券。我個人覺得搭乘急行列車已經非常方便，無需額外付費。這張車票可在西武鐵道新宿站的特急券售票處出示護照購買，並且在出入閘時，只需使用人工櫃台向職員出示車票，讓職員蓋章即可完成手續。

1.西武鐵道售票處／2.西武川越券的外形就像御守一樣

東京近郊 ■川越

FOOD

小川菊
200年歷史鰻魚飯老店

- www.ogakiku.com
- 埼玉縣川越市仲町3-22
- 11:00～14:00、16:30～19:30(最後點餐時間19:00)
- 週四及不定休
- 4,000～6,000日圓

在大正浪漫夢通附近這一家鰻魚飯專門店，創立於江戶時代後期的1807年，一直保持著傳統的味道，並且使用開店以來代代相傳的祕製醬汁，堅持使用日本產鰻魚及紀州備長炭來烤製鰻魚，深受當地人及遊客的喜愛。

店門未開時，便會開始派發整理券，若不事先了解，真有可能錯過機會！建議大家在上午到達川越時，先來這裡拿整理券，再去附近走走觀光。鰻魚飯以精緻的箱子盛載，並採用關東風的料理方式——先蒸後烤，魚肉軟嫩、外皮微焦，帶著炭香，油分豐富卻不油膩。配上祕製醬汁，讓人忍不住一口接一口，也可以加上山椒粉，讓味道更加清爽。

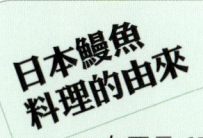

豆知識：日本鰻魚料理的由來

在西元675年，天武天皇頒布了肉食禁止令，豬肉、牛肉等肉類被禁止食用。當時的日本，特別是川越一帶，並沒有海洋資源，但因為河川水質潔淨，能夠捕獲優質的河魚。為了補充蛋白質，人們便開始食用鰻魚。到了江戶時代後期，人們開始用醬油、砂糖、味醂等製作蒲燒醬汁，這種做法很快受到歡迎，並且成為一種高級料理。

1.以箱子盛載的鰻重充滿貴氣／2.店內環境具傳統日式風情／3.日本不少店家使用機器派發整理券／4.小川菊門前總是人頭湧湧

225

1,5.掛滿繪馬的迴廊充滿日式風情／2,3.川越冰川神社／4.可以體驗釣鯛魚神籤測試運程／6,7.夏季限定的結緣風車、風鈴／8.風鈴祭期間也有特別的御朱印

來小江戶祈願結緣！夏季限定風鈴迴廊必朝聖
川越冰川神社

　　從本川越車站穿過長長的藏造老街，就能來到川越最有名的景點「川越冰川神社」，擁有約1,500年的歷史，自古以來便被視為結緣之神，對於祈求戀愛運、家庭運等方面非常靈驗，深受遊客喜愛。所謂結緣，不僅限於戀愛和婚姻，也包括好的工作、交友關係或其他與人的聯繫等，都是緣的一部分。

　　一般來說，神社內也可以抽神籤，而川越冰川神社的神籤以鯛魚形狀為特色，且不是用手抽，而是以專用的釣竿釣起。鯛魚自古以來被認為是吉祥的象徵，這裡的鯛魚神籤分為兩種。紅色的「一年安鯛」，日文中的「鯛」(Tai)與「泰」同音，寓意「一年安泰」，神籤內容較為整體；粉紅色的「愛鯛」(Aitai)，則是「想見你」的諧音，寓意期待與有緣人的相會。粉紅色神籤內容主要圍繞戀愛，包括何時遇到有緣人、如何發展及戀愛運程

東京近郊 / 川越

等，解說非常具體。造型可愛的神籤也可帶回家，且有時會推出期間限定款，吸引不少日本女生專程來此占卜戀情。

日本人相信，祈願人數愈多，神的力量便愈強，因此將祈願集合起來，變成有形的東西，便建設了L字形的繪馬迴廊。三萬多塊繪馬掛滿迴廊，場面壯觀，非常值得拍照。

每年夏天，川越冰川神社會舉行結緣風鈴祭，神社變得格外浪漫。約1,500個寫有祈願字句的江戶風鈴掛滿神社境內，形成結願風鈴迴廊。每個風鈴都是手工製作的玻璃風鈴，獨一無二。古時日本人相信，風能盛載著人的思念，願望會隨風傳達給神，並為人們實現。他們也認為風鈴的響聲代表夏天的聲音，聽著清脆的響聲能讓人感到涼快。許多人會穿著浴衣前來拍照，無論視覺還是聽覺上都充滿了夏日風情。

在風鈴祭期間，還可以購買風鈴作為伴手禮帶回家。川越冰川神社的御守和御朱印款式多樣，也非常值得收藏。此外，每年10月14～15日，川越會舉行川越祭，作為川越冰川神社的例大祭，會有大型山車巡遊，場面熱鬧非凡，無論何時來訪，都能有不同的體驗。

http www.kawagoehikawa.jp | @kawagoe_hikawa | 埼玉縣川越市宮下町2-11-3

227

1.時之鐘／2,9.來到川越不要錯過以地瓜製成的布丁以及各種甜點／3.藏造老街／4.時之鐘旁邊的星巴克店面設計也融入當地氣息／5.不少售賣特色精品及手工藝品的店鋪／6.菓子屋橫丁／7.街上的自動販賣機，有售賣埼玉縣限定特別版的可樂／8.走進大正浪漫夢通的街景，彷彿時光倒流

在小江戶川越感受時代氣息

藏造老街

　　從川越車站搭公車約10分鐘，便可抵達藏造老街「一番街」。其中「藏」是日文中「倉庫」的意思，街道上以黑色外觀的倉庫建築為主，這樣的景觀讓人聯想到江戶(東京的舊稱)在關東大震災前的繁盛與優雅。再加上川越與東京有著密切的船運往來歷史，這裡也被稱為「小江戶」。

　　現在所見的藏造老街，經過明治26年(1893年)川越大火後重建，當時約四成的舊街道建築和商家被燒毀，僅有使用傳統工藝建造的倉庫完好無損。因此，當地居民決定以倉庫為基礎來建設這條街，倉庫不僅用來存放糧食和財物，也作為店面使用。雖然有「小江戶」之稱，但這樣的風景如今在東京已經難以見到，可見川越的獨特魅力。如今，街道上有許多雜貨店、餐廳等，還有租借和服的店家，加上距離東京很近，成為了許多遊客一

東京近郊 ■ 川越

日遊的好選擇。

在藏造老街中，最顯眼的建築是高達16.2公尺的時之鐘，這座三層樓高的木造鐘樓最早建於400多年前，現在的建築是經過明治26年(1893年)火災後重建的第四代版本。每天時之鐘會自動響四次(上午6點、中午12點、下午3點、下午6點)，並被日本環境省選為「想保留後世的日本音風景100選」之一。當年它承擔著為當地居民報時的功能，現在則成為遊客到川越的必拍照地標。

穿過大街進入小巷，即可來到充滿昭和風情的「菓子屋橫丁」，這裡是手作糖果、懷舊零食與小吃店的集中地，約有20間店鋪，許多遊客在此停留休息，品嚐小吃，也可購買零食作為伴手禮。無論大人還是小孩，都能在此找到喜愛的點心。川越的地瓜特別有名。在江戶時代，砂糖是珍貴的食材，甜食相對較少，而川越產的地瓜透過新河岸川以船運送到江戶，逐漸打響名號。如今，川越的各式地瓜甜點，如布丁、冰淇淋等，仍然受到遊客喜愛。

在藏造老街附近，還有一條名為大正浪漫夢通的小街。這裡曾是舊川越銀座商店街，是埼玉縣內有名的拱形商店街。如今，它是一條滲透多種時代氣息的街道，有著咖啡廳、傳統町屋、倉庫及昭和初期的西洋建築。由於擁有濃厚的大正時代懷舊氛圍，這裡經常成為電影拍攝的場地。在這裡，遊客可以一次感受多個時代的舊日本氛圍，這也是川越的獨特魅力所在。

www.kawagoehikawa.jp | @kawagoe_hikawa | 埼玉縣川越市宮下町2-11-3

位於千葉縣東部的銚子，距離東京約 2 小時車程，是個充滿復古氛圍的漁港小鎮，當地以豐富漁獲及出產醬油聞名。對外國觀光客來說可能不太熟悉，但在銚子，你可以品嘗新鮮海產、可以泡溫泉，也可以欣賞絕美海景，感受與大城市不一樣的寧靜氣息。推薦大家乘坐懷舊的銚子鐵道，來一場有如穿越時光的東京近郊鐵道小旅行。

銚子

CHOSHI

銚子地圖

東京近郊 ▎銚子

前往銚子的交通方式
Let's Go

從東京出發前往銚子，可以選擇搭乘JR電車或巴士，再換乘銚子鐵道前往各個沿線景點。雖然是郊區，但搭乘大眾交通工具即可輕鬆到達。

最推薦且最方便的方式是從JR東京車站搭乘特急「潮騷」直達銚子。需要注意的是，乘坐「潮騷」列車必須購買指定席票（劃位票），可以透過自動售票機或人工窗口購買。如果使用JR Pass，雖然車費和指定席費用已包含在內，但仍需另行換領劃位票才能上車。

每天「潮騷」列車上午只有兩班車，且班次較疏，建議提前一天準備好車票，當天留足時間準時搭乘。如果錯過，則只能乘坐總武線的慢車，並在途中轉乘至銚子。

抵達JR銚子車站後，會發現JR和銚子鐵道共用同一個站舍。持有JR Pass的旅客可以直接前往銚子鐵道月臺；如果使用IC卡，則需要拍卡離開JR區域，然後再走到銚子鐵道月臺上車。

1.從銚子車站月臺轉乘銚子鐵道／2.銚子鐵道列車

特急「潮騷」

從東京主要車站出發

電車	巴士
JR總武本線特急潮騷號（全車劃位票）約1小時50分鐘	東京車站八重洲口搭乘巴士 約2小時30分鐘

製表：米克

東京 ⟷ 銚子
Tokyo　　Choshi

銚子鐵道

銚子鐵道是全日本第二短的鐵道路線，共有10個車站，全長僅6.4公里。從起點站「銚子」

231

搭乘至終點站「外川」僅需 22 分鐘，也是關東地區最東端的鐵路。

銚子市擁有許多觀光資源，每個車站也各具特色。例如，在仲之町站可以參觀醬油工廠，在犬吠站則能泡溫泉、欣賞海景，而在漁港周邊，遊客還能品嚐到新鮮的海鮮，感受大城市所無法體驗的復古小鎮風情。

銚子的推薦午餐當然是海鮮丼

How to 安排銚子行程與交通

銚子的範圍不算太大，早上從東京出發，前往外川和犬吠遊覽，傍晚回程，已經是非常充實的一天行程。如果希望行程更輕鬆，可以考慮在犬吠一帶的旅館或飯店住宿一晚。雖然選擇不多，但這裡可以享受溫泉和海景，並且有提供包含早晚餐的住宿方案，讓旅程更加舒適愉快。

要注意的是，銚子鐵道沿線許多車站是無人車站，且沒有自動剪票機。當列車來時，可以先上車，車廂內的工作人員會來查票，屆時可用現金購買車票或一日乘車券。如果使用一日乘車券，之後每次乘車時只需向工作人員出示即可。

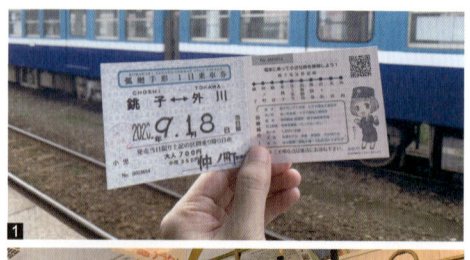

從君濱潮騷公園眺望海景與犬吠崎燈塔

一日乘車券

銚子電鐵沿線不支援西瓜卡等 IC 卡，因此建議購買 700 日圓的一日乘車券，這樣可以在一天內自由上下車，既方便又省錢。需

1.銚子鐵道一日乘車券／2.特別列車「大正浪漫列車」中重現了大正時代開業期的車廂裝飾

東京近郊 ■銚子

東京近郊
Choshi

銚子

犬吠

對日本人來說，一年中最重要的節日是新年，許多人有在元旦觀賞新一年的第一個日出(又稱「初日之出」)的習慣，這象徵著一整年都能獲得幸福。位於關東地區最東端的犬吠埼，是全日本最早能看到日出的地方之一。當地還有飯店提供住宿及泡溫泉的舒適體驗。

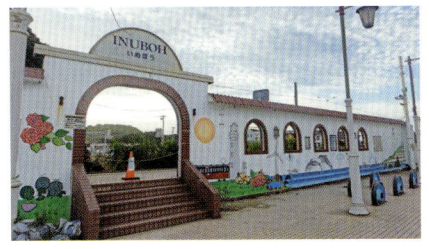

犬吠車站

眺望壯闊海景的白色燈塔
犬吠埼燈塔

外觀醒目的犬吠埼燈塔是銚子的地標，在燈塔入口處，有一個白色郵筒，因設置日期為3月14日(白色情人節)，被稱為「呼喚幸福」的郵筒。附近的商業設施「犬吠Terasu Terrace」內有咖啡廳、農產品市集及紀念品商店等。

燈塔與白色郵筒

📍千葉縣銚子市犬吠埼 ｜🕐 3〜9月 08:30〜17:00(黃金週及8/10〜19至17:30)，10〜2月08:30〜16:00 ｜💲入場費300日圓(中學生以上)

夏日限定的向日葵花海
滿願寺

銚子地區在每年春天跟冬天兩季，均會採收高麗菜，農家為了讓田地保留養分，便在這兩季之間改栽種向日葵，每年7月底左右，犬吠車站跟滿願寺外面的一大片向日葵花田便會盛開，花莖都長得非常高，是當地人推薦的拍照打卡景點。

犬吠車站與滿願寺之間的向日葵花田

🌐 www.manganji.org ｜📍千葉縣銚子市天王台9822-1

東京近郊 Choshi

銚子　外川

銚子這個只有5萬多居民的海邊城市，擁有一條不言放棄的赤字鐵道。從銚子出發，到終點站外川，只需要大約22分鐘，這條短短的鐵路線，卻蘊含了深厚的情感。自江戶時代以來，外川便有著「漁夫町」的稱號。從車站步行到漁港的長長坡道上，彷彿能感受到濃濃的漁村風情。許多喜愛老街的旅人也會來這裡漫步，拍拍照，感受這片樸實土地的獨特魅力。

外川漁港附近的民家風景

昭和電影畫面一般的港邊小鎮
外川車站

銚子鐵道的終點站「外川」是座充滿懷舊氣息的木造車站，至今仍保留著手寫的時刻表。站內外的長椅、油燈、紅色郵筒等，都散發著濃濃的昭和風情，不僅成為多部電影的拍攝場地，也吸引著眾多鐵道迷前來朝聖。沿著海邊的漁港漫步，將發現當地的甜點店與海鮮食堂，適合來吹吹海風、慢慢散步。

http www.choshi-dentetsu.jp ｜千葉縣銚子市外川町2丁目

1.外川車站／2.終點站外川車站的暱稱是「感謝」／3.手寫的時刻表充滿溫度／4.懷舊的車站內部彷彿老電影場景

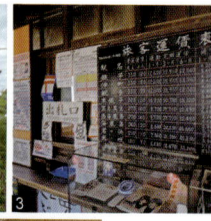

東京近郊 ▎銚子

百年豆腐店品嘗古早味豆花
榊原豆腐店

1028sakakibara.com | 千葉縣銚子市外川町2-10927 | 09:00〜18:00 | 週日 | 300〜500日圓

　從外川車站步行約5分鐘，就能找到這家自1909年開業的豆腐老店。這家店使用日本產大豆等嚴選原材料，並且百年來始終堅守傳統的製作工藝與風味。店內的豆腐不僅健康且美味，深受當地人喜愛。

　特別推薦的是他們的名物豆乳布丁，這款布丁口感滑嫩，類似豆花，濃郁的豆味與豆乳天然的甜味相得益彰，搭配大量的黑糖、紅豆、黃豆粉等配料，層次豐富，且僅售300日圓(加紅豆370日圓)，非常實惠。

1.配料豐富的豆乳布丁／2,3.店鋪看起來很新，沒想到已是有百年歷史的老店

品嘗新鮮海產的人氣食堂
いたこ丸

www.catv9.ne.jp/itakomaru | 千葉縣銚子市外川町1-10875 | 10:30〜14:00 | 週日 | 1,300〜2,000日圓

　在外川漁港附近這家外觀低調沉穩的食堂，可以品嘗到店主親身在漁船上每天現捕的漁獲等，也是讓我最心心念念的一家餐廳。店家提供生魚片、天婦羅、煮魚等豐富的定食套餐等，價錢合理而且新鮮美味，豐盛程度讓人感嘆不愧是漁港食堂。

　套餐以數款生魚片搭配天婦羅、炸牡蠣等，不愛吃生魚片的話也有煮魚套餐。以新鮮魚現炸的天婦羅，麵衣炸得香脆，裡面的魚肉依然保留軟嫩，口感真的是冷凍魚肉模仿不來。

1.用餐時段總是需要排隊／2.白板張貼著當天的套餐組合／3.生魚片配天婦羅的定食套餐

支援銚子鐵道

別讓列車停下來！
銚子鐵道的煎餅奇蹟

銚子電鐵沿線不支援西瓜卡等IC卡，因此建議購買700日圓的一日乘車券，讓你可以在一天內自由上下車，既方便又省錢。值得注意的是，沿線許多車站是無人車站，且沒有自動剪票機。當列車來時，可以先上車，車廂內的工作人員會來查票，屆時可用現金購票或購買一日乘車券。若選擇一日乘車券，之後每次搭乘時只需向工作人員出示即可。

2006年，因為受到整修命令和定期檢查費用的壓力，銚子鐵道開始販賣濕煎餅以籌集資金，然而效果並不顯著。後來，他們在網路上發布了一則訊息，希望大家購買濕煎餅來拯救銚子鐵道。這則訊息迅速得到超過萬名網友的轉發，訂單也源源不斷，並吸引了媒體報導。工程費得以籌集，小小煎餅也就暫時拯救了銚子鐵道。

隨著乘客減少，許多人開始質疑鐵道是否還能繼續生存。鐵道本身又是為誰服務的呢？事實上，當地的市民，尤其是老年人，仍然倚賴這些鐵道和大眾交通出行。銚子鐵道現已開業滿百年，日本今後要繼續面對人口老化與減少，各地的鐵道公司也是繼續努力求生存。

原本有站務人員駐守的觀音車站，現已變成無人車站

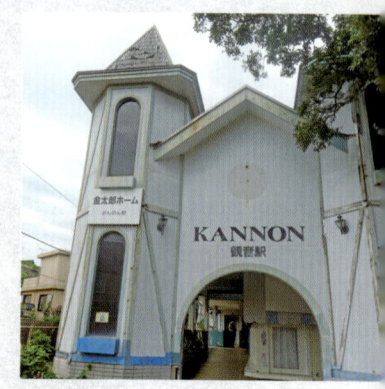

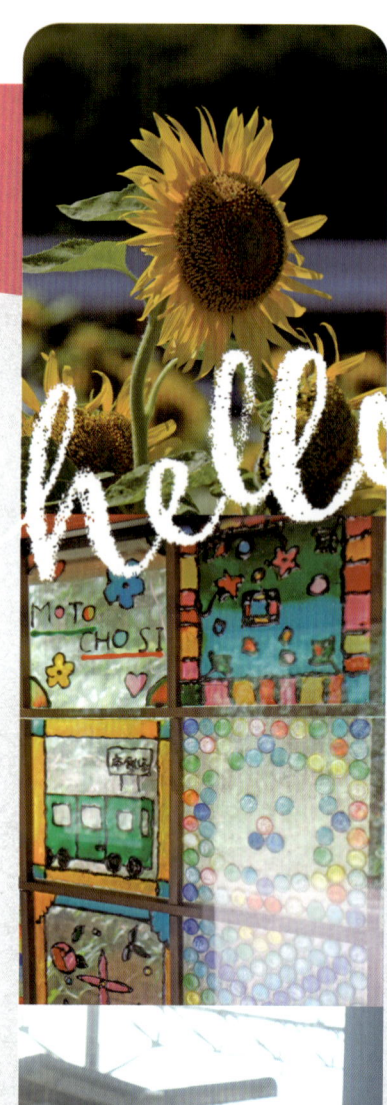

東京近郊 ■銚子

銚子鐵道的站名，有錢就可以買？

除了濕煎餅，甚至連路軌上的石頭等物品也被拿來出售，為了籌集資金，銚子鐵道還將各個車站的冠名權出售給有意支持銚子鐵道或千葉當地企業的商家。企業只需支付一筆費用，便可在一定期間內，在車站站牌上加入企業的暱稱或標語，並可用來推廣產品。甚至在車廂內的廣播中也能播放宣傳錄音。

雖然觀光客通常不會參與其中，但日本一般的鐵道公司較少有這種商業合作方式，所以對鐵道迷也是較為特別，也能看得出日本人為了保持地域長久發展的互助精神。

1,2.當地企業及學生為銚子鐵道製作的應援／3.銚子車站的冠名暱稱是「絕對不會放棄」／4.加上冠名暱稱後，被當作廣告位使用的車站站牌／5.濕煎餅與難吃棒

一同支援銚子鐵道

觀光客除了可以親自來到銚子鐵道，還可以購買他們的商品，作為銚子之旅的紀念。銚子鐵道推出了多種不同類型的商品，除了濕煎餅、紀念乘車券、鑰匙圈等伴手禮外，還有御朱印帳等鐵道迷喜愛的紀念品。其中不乏一些帶有自嘲成分的商品，例如小吃「難吃棒」（まずい棒），這是一個日文雙關梗，意思是「很不妙」，暗示經營狀況困難。在經營困難的情況下仍然能找到笑點並化危為機，也是值得學習的地方。

237

東京近郊
鎌倉、輕井澤、箱根、橫濱
富士山、日光、川越、銚子

作　　者	米克
總 編 輯	張芳玲
發想企劃	taiya 旅遊研究室
編輯部主任	張焙宜
企劃編輯	張焙宜
主責編輯	張焙宜
特約編輯	翁湘惟
封面設計	許志忠
美術設計	許志忠

國家圖書館出版品預行編目(CIP)資料

東京近郊：鎌倉、輕井澤、箱根、橫濱、富士山、日光、川越、銚子 / 米克作. -- 初版. -- 臺北市：太雅出版有限公司, 2025.07
　面；　　公分. -- (世界主題之旅；152)
ISBN 978-986-336-576-1 (平裝)

1.CST：自助旅行　2.CST：日本東京都

731.72609　　　　　　　　　　114004973

太雅出版社
TEL：(02)2368-7911　FAX：(02)2368-1531
E-mail：taiya@morningstar.com.tw
太雅網址：http://taiya.morningstar.com.tw
購書網址：http://www.morningstar.com.tw
讀者專線：(02)2367-2044、(02)2367-2047

出 版 者　太雅出版有限公司
　　　　　106 台北市大安區辛亥路一段 30 號 9 樓
　　　　　行政院新聞局局版台業字第五○○四號

讀者服務專線：(02)2367-2044 / (04)2359-5819 #230
讀者傳真專線：(02)2363-5741 / (04)2359-5493
讀者專用信箱：service@morningstar.com.tw
網路書店：http://www.morningstar.com.tw
郵政劃撥：15060393(知己圖書股份有限公司)

法律顧問	陳思成律師
印　　刷	上好印刷股份有限公司　TEL：(04)2315-0280
裝　　訂	大和精緻製訂股份有限公司　TEL：(04)2311-0221
初　　版	西元 2025 年 07 月 10 日
定　　價	490 元

(本書如有破損或缺頁，退換書請寄至：
台中市西屯區工業 30 路 1 號　太雅出版倉儲部收)

ISBN 978-986-336-576-1
Published by TAIYA Publishing Co.,Ltd.
Printed in Taiwan

填線上回函
東京近郊
鎌倉、輕井澤、箱根、橫濱、富士山、日光、川越、銚子

reurl.cc/M3oALk